LAURENCE GUITTAUD

IMPRIMATUR :

Camberii, die 25ª novembris 1890.

✝ FRANCISCUS SALESIUS ALBERTUS,
Archiepisc. Camber.

VIE

DE

MLLE LAURENCE GUITTAUD

FONDATRICE

DE

LA MAISON DU BON-PASTEUR

de Chambéry

CHAMBÉRY

IMPRIMERIE SAVOISIENNE, 5, RUE DU CHATEAU

1891

CHAPITRE Ier

LES PREMIÈRES ANNÉES

En étudiant la vie de Mlle Guittaud, on se demande comment une fille pauvre, issue d'une famille obscure, sans fortune, sans crédit, a pu mener à bonne fin de si vastes entreprises. C'est là le miracle de la foi qui, selon le langage de l'Écriture, transporte les montagnes, et surtout de la charité chrétienne qui, tous les jours, enfante des prodiges.

Il est bon, il est utile de méditer ces grands exemples ; dans cette contemplation, on puise le courage qui fait défaut à tant d'âmes généreuses. On apprend surtout à se donner soi-même sans réserve et à mettre une entière confiance en Dieu, qui seul peut assurer le succès.

A ce point de vue, il est heureux que le sage directeur de Mlle Guittaud lui ait ordonné de consigner par écrit les souvenirs de sa vie. Elle l'a fait par pure obéissance, sans art et sans vanité. Son récit naïf, d'un style souvent incorrect, est émouvant. On y sent un accent de vérité qui gagne le cœur et une touchante charité qui arrache les larmes.

Aussi nous l'avons conservé, autant que possible, dans sa simplicité. Nous nous sommes borné à adoucir parfois les aspérités de langage, à mettre plus d'ordre dans le récit et à relier les divers épisodes par un texte explicatif que nous imprimons en caractères différents.

Ainsi le lecteur aura toujours l'œuvre de Mlle Guittaud.

Mlle Laurence Guittaud est née le 2 novembre 1795 (14 brumaire, an IV). Elle n'a été baptisée que le 19 février 1797, âgée de plus de quinze mois, en même temps qu'une sœur plus jeune, nommée Jeannetton, qui probablement est morte peu après. Voici les termes de l'acte de baptême :

« Le 19 février 1797, ont été baptisées, avec les cérémonies de l'Église, Laurence et Jeannetton, filles de Jean Guittaud et de Philiberte Callot, habitant Chambéry. Parrain, Pierre Chanvillard ; marraine, Philiberte Daillon, de Saint-Offenge-Dessus.

« *Signé :* BOUVIER. »

On était alors au milieu de la tourmente révolutionnaire. Le gouvernement directorial venait d'être installé depuis six jours, le 5 brumaire, an IV, lorsque Laurence vint au monde. Les églises étaient fermées, les sacrements n'étaient administrés que par des missionnaires qui parcouraient secrètement le pays. Ainsi s'explique,

dans une famille chrétienne, le retard du baptême de Laurence Guittaud.

Son père Jean-Marie avait, à cette époque,
déjà quatre enfants : une fille d'un premier lit,
et trois filles de son second mariage qui sont
devenues Mmes Collomb, Paquet et Perret. Il est
à remarquer que, dans ses mémoires, Mlle Guittaud ne parle pas de sa famille ; elle avait cru
probablement que son directeur ne lui demandait qu'une espèce de confession générale de sa
vie et de ses sentiments les plus intimes.

Le père Guittaud était un simple charcutier
établi dans un petit magasin de la place de la
Liberté (aujourd'hui place Saint-Léger, n° 1).
Il ne pouvait donner à ses filles une éducation
brillante. Nous n'avions d'ailleurs à Chambéry
aucune école gratuite de filles.

On comprend que l'instruction de Laurence
soit restée fort incomplète, et l'on ne s'étonne
pas de trouver dans ses mémoires une orthographe souvent fautive. On admirera, au
contraire, la solide éducation morale et religieuse qu'elle a reçue dans ce modeste intérieur

de famille, et aussi la somme de travail qui lui fut nécessaire pour acquérir plus tard, seule et sans maître, les connaissances dont elle fait preuve.

Mlle Guittaud était d'une stature élevée, d'une figure commune, sans beauté, mais intelligente; ses yeux conservèrent une étonnante vivacité jusque dans ses dernières années. Sa santé fut toujours déplorable. A l'âge de dix-huit ans, elle entra chez les Carmélites de Chambéry, où elle prit l'habit et reçut le nom de Sœur Marie-Thérèse; mais sa santé ne put résister à cette vie de mortification : elle éprouva des crachements de sang et fut obligée de rentrer bientôt dans sa famille.

De son caractère et de son esprit, je n'ai rien à dire; ils se peindront d'eux-mêmes et plus sûrement dans son propre récit que je reproduis entre guillemets.

« Dès l'âge de raison, je passais beaucoup de temps en prière, surtout la nuit. Je n'ai jamais parlé à personne des inspirations que j'avais et qui me portaient à tout faire pour Dieu seul ! J'avais une grande dévotion à la Très Sainte Trinité, à la Sainte Vierge et aux saints Anges.... J'avais surtout la crainte d'offenser Dieu. A mesure que j'avançais en âge, je redoublais mes prières et mes veilles, pour obtenir la conversion des pécheurs et le soulagement des âmes du Purgatoire.

« J'avais promis à Dieu de ne jamais laisser un jour sans faire de mortifications. Ma santé en souffrait. A cause de ma pâleur, on me croyait atteinte d'une maladie de langueur.

« A l'âge de onze ans, j'ai fait ma première Communion. Dès ce moment, j'ai fait vœu de virginité, et, chaque année, je l'ai renouvelé. J'avais le bonheur de recevoir la Sainte Communion plusieurs fois dans la semaine et, plus tard, tous les jours. Notre Seigneur me faisait bien des grâces. Toutes les semaines, je passais en prières une heure, de onze heures à minuit, dans la nuit du jeudi au vendredi, en méditant la Passion de Notre Seigneur.

« Je ne passais pas un jour sans faire

quelques œuvres de charité. J'ai souffert des calomnies, des persécutions, des jalousies, sans me plaindre ni en parler à personne. J'ai gardé le plus grand secret. J'ai continué à faire des actes de charité, des visites aux malades. Je leur faisais la recommandation de l'âme ; je pansais leurs plaies les plus rebutantes. Souvent je me suis évanouie après les pansements.

« Aujourd'hui, en octobre 1865, Dieu a permis que j'en parle à mon directeur, qui m'a commandé d'écrire ces choses malgré la répugnance que j'éprouve à le faire. »

CHAPITRE II

ŒUVRE DES PRISONS

A la chute du Premier Empire, les prisons départementales étaient en Savoie, comme ailleurs, dans un état déplorable. L'administration, tout occupée de guerres, n'avait pas le temps de songer au soulagement matériel et moins encore à l'amélioration morale des pauvres détenus.

Après la restauration des rois de Sardaigne, un aumônier fut chargé du service religieux des prisons ; mais il ne tarda pas à reconnaître qu'un homme seul ne suffirait pas à cette tâche, surtout auprès des femmes prisonnières.

Mlle Guittaud n'était alors âgée que de dix-

neuf ans ; mais sa réputation de charité et de
zèle chrétien était déjà si bien établie, que
l'aumônier songea tout d'abord à l'appeler à
son aide. Écoutons son récit :

« En 1815, M. l'aumônier des prisons a
demandé à mes parents de me laisser aller
visiter les femmes prisonnières. Il leur dit
un jour : « Elles sont au nombre de quarante-
« cinq et, quelquefois, plus nombreuses
« encore ; plusieurs ont des enfants avec
« elles. Votre petite a bon cœur, elle trou-
« vera le moyen de leur donner des habille-
« ments... »

« Mon père et ma mère ont consenti : le même
jour, je suis allée voir ces pauvres femmes.
M. l'aumônier s'y trouvait ; il a obtenu
du gouverneur la permission pour moi. J'ai
de suite prodigué des soins à une pauvre fille
qui, par suite de sa longue détention, avait
tous les membres engourdis et ne pouvait
plus marcher. Je l'ai lavée tous les jours
avec du vin chaud et l'ai soignée de mon
mieux. Après un mois elle pouvait marcher,
mais elle était devenue idiote ; j'ai obtenu

alors du général de Boigne une place à l'hospice du Betton, où je l'ai menée.

« Quatre ans après j'y conduisais une autre fille, toujours par la protection du général de Boigne. En entrant dans une salle, je vois une fille me sauter au cou et m'embrasser.... Je ne pouvais plus m'en débarrasser. C'était la pauvre prisonnière qui m'avait reconnue, elle me baisait les mains et pleurait d'attendrissement.

« J'ai passé quatre ans à donner des soins aux femmes. Tous les jours, je leur faisais une lecture de piété. Il y avait de pauvres filles abandonnées qui étaient en prison pour peu de temps ; j'en ai placé plusieurs chez des femmes honnêtes qui leur apprenaient à travailler. Quelques-unes se sont ensuite mariées.

« Après ces quatre ans, j'ai obtenu la permission d'aller visiter aussi les hommes dans tous les cachots, sans cesser d'aller tous les jours voir les femmes ; j'ai tâché de leur être utile : je leur procurais de l'ouvrage aux uns et aux autres. Plusieurs dames me donnaient des aumônes pour mes pauvres prisonniers. Un jour, je reçus deux cents francs dans l'église. Je n'ai pas connu la personne qui me les a remis ; il y avait seulement une lettre anonyme indiquant que c'était pour le soulagement des prisonniers.

« A tous ceux qui partaient pour les galères, je donnais des habillements et un petit secours de deux francs. Je faisais de même pour les femmes qui étaient envoyées dans les prisons ou à l'Ergastolo (c'est un établissement pour les filles abandonnées, situé à deux lieues de Turin). Malheureusement ces pauvres filles devaient faire la traversée du Mont-Cenis, conduites par des carabiniers. J'en sentais les inconvénients, et désirais ardemment voir établir une Maison de Refuge à Chambéry. Pendant vingt-quatre ans, je priai tous les jours à cette intention. Ce n'est qu'en 1839 que ce vœu a pu être réalisé, et que l'on a installé les Sœurs de Charité dans les prisons de Chambéry. »

* * *

Dans les années 1833 et 1834 survinrent de tristes événements qui mirent à une cruelle épreuve le zèle de Mlle Guittaud. A l'instigation du trop fameux Mazzini, les sociétés de Carbonari italiens avaient fait des progrès dans le régiment de Pignerol, alors en garnison à Chambéry. Des bandes réfugiées, sous la conduite d'un nommé Ramorino, avaient même tenté d'envahir la Savoie par Genève. Voici ce que nous lisons dans le récit de Mlle Guittaud :

« En 1833 et 1834, il y a eu des troubles politiques en Piémont. Sept militaires de tous grades ont été fusillés ici ; seize ont été mis dans les cachots au secret ; je les voyais tous les jours et les consolais. Ils passaient tous en jugement les uns après les autres.

« Un de 25 ans a été fusillé le 22 mai 1833 ; un sous-officier de 20 ans a été fusillé, un mois après, le 20 juin ; le 17 février 1834, deux le même jour, un de 27 ans, l'autre de 32 ; le 14 mars, un de 41 ans ; le 5 mai, un de 33 ans ; le 25 octobre de cette même année de 1834, un de 38 ans. »

Il y a dans ce passage de graves erreurs que je dois signaler, au nom de l'impartialité de l'histoire.

Nous n'avons eu en réalité à Chambéry, en 1833, que trois exécutions capitales de militaires :

Tamburelli Joseph, de 25 ans, fusillé le 22 mai 1833 ;

Tolla Effise, lieutenant, fusillé le 11 juin 1833 ;

De Gubernatis Alexandre, sergent-fourrier, fusillé le 20 juin 1833.

Il y eut, à la vérité, une autre sentence capitale contre Jean-Baptiste Canale, mais elle a été commuée en vingt années de travaux forcés, par suite de révélations faites par le condamné. Il y eut encore six condamnations à mort, mais contre des contumaces qui n'ont été ni exécutés, ni détenus dans les prisons de Chambéry. Une dizaine d'autres militaires ont été jugés ; les uns acquittés, les autres condamnés à des peines temporaires plus ou moins fortes.

En 1834, à la suite d'une démonstration aux Échelles, où un carabinier avait été lâchement assassiné, il y eut encore deux exécutions :

Volonteri Angelo, lombard, âgé de 28 ans,

fusillé le **17** février **1834** ; Borrel Joseph, peigneur de chanvre, de Grenoble, **32** ans, le même jour.

Voici comment Mlle Guittaud a été induite en erreur : Lorsqu'elle a voulu écrire son récit, en **1865**, elle a fait relever, aux prisons de Chambéry, la liste de tous les militaires exécutés pendant qu'elle s'occupait de cette œuvre. Dans ce document (que nous avons retrouvé dans ses papiers), il y a effectivement les sept détenus qu'elle mentionne, avec leur âge et le quantième du mois de leur exécution ; mais les trois derniers sont à diverses années, de **1834** à **1842**, probablement pour des faits étrangers aux troubles de **1833** et **1834**.

Par pure distraction, Mlle Guittaud les porte tous sur sa liste. C'est ainsi que des témoins oculaires, même les plus dignes de foi, peuvent commettre involontairement des erreurs historiques !

Ce qu'elle raconte de la mort chrétienne de De Gubernatis est d'ailleurs parfaitement exact et confirmé par les documents contemporains :

« Le sous-officier de vingt ans, Alexandre
De Gubernatis, était un beau jeune homme ;
je n'osais pas le regarder, dans la crainte
d'éprouver trop d'émotion au moment de sa
mort. Il est entré dans son cachot le 22 mai,
et a été fusillé le 20 juin.... Pendant ce mois,
je l'ai vu tous les jours.

« Le 18 juin, le secrétaire de l'auditeur des
guerres est venu chez moi, à huit heures du
soir, pour me prier, de la part de M. l'auditeur, de me trouver aux prisons au moment
où on lirait au prévenu sa sentence de mort.
Le lendemain, à huit heures du matin, je
suis entrée dans son cachot. Il m'a dit :
« Madame, quel miracle ! Vous venez au-
« jourd'hui plus matin que les autres jours.
« — Oui, c'est aujourd'hui votre grand jour ;
« vous allez entendre votre jugement à deux
« heures.... Faites courage, je ne vous quit-
« terai pas. » Il a été ému ; il m'a dit : « Je
« vous en prie, Madame, ne me quittez pas. »
Je ne l'ai laissé qu'à midi moins un quart
pour aller chez moi, je suis revenue à midi
et demi. Nous avons parlé du bonheur du

ciel, des miséricordes de Dieu, des bontés
de la Sainte Vierge.

« A deux heures, on a frappé à la porte
du cachot. J'ai dit : « Entrez. » Le gardien a
ouvert et nous a dit : « Descendez, ces Mes-
« sieurs sont chez le concierge. » J'ai pris
alors ce cher Alexandre par les deux mains,
et lui ai dit : « Courage, ne soyez pas lâche ! »
Je l'ai encouragé jusqu'à la porte de la
chapelle. Nous sommes entrés et nous avons
dit le *Veni Creator* à genoux. Après, j'ai dit
au gardien : « Faites venir ces Messieurs. »
Ils sont entrés six. Le secrétaire de l'auditeur des guerres lui a lu son jugement :
« Par sentence divisionnaire, *vous êtes con-*
« *damné à la peine de mort ignominieuse,*
« *suivant l'article 144 du Code pénal.* »

« Le jeune Alexandre a demandé ce que
c'était que la mort ignominieuse. Le secrétaire lui a dit : « Vous serez fusillé par les
reins. » J'ai dit : « Que vous soyez fusillé
« devant ou derrière, vous irez au ciel à la
« fleur de votre âge, vous êtes un enfant gâté
« du bon Dieu. » Il a dit au secrétaire :
« Permettez-moi de vous embrasser ; je ne

« vous en veux pas.... Vous faites votre
« devoir. » Nous avons tous bu un peu
d’élixir de Garus que j’avais apporté. Il m’a
dit : « Permettez-moi, Madame, de toucher le
« verre avec vous. » Après avoir bu, le secrétaire est tombé évanoui ; on l’a emporté chez
le concierge.

« Je suis restée seule avec Alexandre. Le
général et le colonel sont entrés ; ils m’ont
remerciée des bontés que j’avais pour leurs
chers prisonniers, parce que j’avais donné
des soins à un jeune militaire de vingt-cinq
ans, fusillé un mois auparavant. Le général
m’a dit, en serrant Alexandre dans ses bras :
« Madame, dites à notre ami, l’ami de tout
« le régiment, qu’il dénonce le malheureux
« qui lui a donné le livre de conspiration, et
« vous sortirez notre enfant victorieux des
« prisons. » J’ai refusé de lui donner ce conseil. Il lui a dit : « Cher Alexandre, au nom
« de tout le régiment, je vous en prie, le nom
« du coupable qui vous a donné ce livre, et
« Madame vous sortira des prisons. » -- Il a
regardé le général avec bonté et lui a dit :
« Non, général, je ne veux pas racheter ma

« vie avec le sang de mon frère... Je mour-
« rai ! » Ils l'ont embrassé avec larmes et ils
sont sortis.

« Je lui ai demandé quel confesseur il
voulait ; il m'a dit : « Madame, vous m'avez
« mené jusqu'à la porte du ciel, c'est à vous
« de m'y faire entrer. » J'ai prié le R. P.
Tellier, jésuite, de venir l'assister. En l'attendant, il a écrit à ses parents et m'a confié
la lettre pour la mettre à la poste ; en voici
la copie :

« Mes chers parents, par sentence division-
« naire d'hier, je viens d'être condamné à la
« peine de mort ignominieuse ; je reconnais
« par là la toute-puissance divine, qui a
« voulu me punir de mon indocilité envers
« vous, mes chers parents, surtout de cette
« horrible lettre que j'ai osé écrire à ma
« chère maman avec tant de cruauté. Accor-
« dez, à votre cher fils, le pardon qu'il vous
« demande, reconnaissez en lui l'enfant
« prodigue ; et si le Seigneur, mon Dieu,
« m'accorde la grâce de partager le bonheur
« du ciel, je prierai pour le repos de vos
« âmes. Je vous prie de demander pardon

« pour moi, dans la paroisse où j'ai vécu
« avant le service, des mauvais exemples
« que j'ai donnés, et surtout demandez par-
« don à M. le curé, dom Agostino Raymonda,
« des mauvaises opinions que j'ai eues sur
« son compte. Enfin observez que je meurs
« tranquille ; c'est demain à cinq heures, je
« crois, que je vais rendre mon âme à Dieu,
« mon Créateur. Recevez cette épreuve en
« braves, considérant le néant de ce monde.
« Adieu pour toujours, mes chers parents ;
« recevez mes tendres embrassements comme
« je reçois votre bénédiction. Votre mourant
« fils,

        « DE GUBERNATIS Alexandre.

« Des royales prisons de Chambéry, le 19
« juin 1833. »

« Le R^d Père est entré dans la chapelle. Je
lui ai dit : « Mon Père, je vous remets un
« ange qui priera demain pour nous dans le
« ciel. » Il est revenu encore le soir, à neuf
heures, puis le lendemain, à quatre heures,
pour dire la Sainte Messe. Nous avons passé
toute la nuit en prières. Nous avons eu le

bonheur de recevoir Notre Seigneur dans la Sainte Communion.

« Aussitôt après, il s'est fait du bruit dans la cour des prisons : c'étaient les gens de la justice qui venaient prendre le sous-officier pour le conduire au Verney, où il devait être fusillé. Le pauvre jeune Alexandre faisait son action de grâces dans un grand calme. Je l'ai secoué et je lui ai dit : « Oh! que vous « êtes heureux, vous allez au ciel!.... » Je l'ai accompagné jusqu'à la porte en lui faisant faire courage. Son sacrifice était fait avec résignation. Il m'a dit : « Madame, je « vous remercie de toutes les bontés que « vous avez eues pour moi. Rendez les « mêmes services à tous ceux qui viendront « après moi. Le ciel vous est ouvert à ce « prix. Je prierai pour vous jusqu'à ce que « vous soyez dans le ciel. »

*
* *

« Il restait encore neuf prisonniers dans les cachots, entre autres un ingénieur, accusé d'avoir rédigé des correspondances, M. Louis Boschiere. Je me trouvais dans les prisons lorsqu'on l'a amené. Je l'ai suivi dans son cachot ; quand le gardien a eu fermé la porte, j'ai voulu lui donner quelques consolations. Il s'est jeté à terre en s'arrachant les cheveux ; il disait : « Malheureux que je suis, je vais « donner la mort à mon pauvre père. Quand « il m'a vu emmener par les carabiniers, il « pleurait, il sanglotait. Madame, il ne peut « pas y avoir de consolations pour moi. Je « connais les lois, je serai fusillé ! » Toutes paroles de consolations étaient inutiles ; il était désespéré ! Je priais pour lui, je ne l'ai pas quitté avant qu'il se fût calmé, en promettant de venir le voir tous les jours.

« Le lendemain, je suis revenue ; il avait beaucoup pleuré ; il était d'une pâleur qui m'a fait pitié. Je lui ai donné une image de la Sainte Vierge, en l'engageant à lire la prière qui y est imprimée, le *Memorare*, que saint Bernard récitait tous les jours... « Si « vous le dites avec confiance, vous serez « exaucé... » Il m'a dit : « Madame, je vais « la réciter jour et nuit, je m'en rapporte à « vous ; mais si je suis fusillé comme je m'y « attends, que direz-vous ? » Je lui ai

répondu : « Priez avec confiance ; la Sainte
« Vierge est toute-puissante... Priez, je prie-
« rai aussi avec vous. »

« Il devait être fusillé ; mais son jugement
a été retardé à cause d'un canonnier qui,
pour obtenir sa grâce, l'avait dénoncé. Il
avait dit au colonel : « Je suis coupable, j'ai
« fait sept trous à la poudrière pour la
« faire sauter ; mais si vous me promettez
« ma grâce, je vous dénoncerai les chefs de
« la conjuration. » Le colonel lui a promis
de lui obtenir sa grâce, s'il révélait les noms
des chefs et le lieu où se tramait les complots.
Il dit alors : « C'est chez le général Guillet ;
« Monsieur Louis Boschiere fait les corres-
« pondances, moi j'y assiste et je suis cou-
« pable. »

« Le lendemain, l'auditeur des guerres a
interrogé séparément le général, M. Boschiere
et le canonnier nommé Pancaldi, et consigné
les dépositions par écrit. Puis il a annoncé
à Pancaldi qu'il devait être confronté avec
ses complices et soutenir, en face d'eux, tout
ce qu'il avait révélé au colonel.

« A cette terrible nouvelle, Pancaldi se désespère ; il ne peut se résigner à comparaître, comme un traître, devant ces Messieurs qui n'ont eu que des bontés pour lui. Il essaye de se faire une boisson avec de l'eau-de-vie, où il avait mis vingt-six boutons de cuivre arrachés de sa veste et, en outre, des monnaies de cuivre, espérant pouvoir s'empoisonner la veille du jour fixé pour la confrontation. Il avait caché ce breuvage sous son lit.

« J'avais obtenu des chefs du régiment de lui faire allouer une portion de viande, un peu de vin et un bouillon gras tous les jours. Il était reconnaissant, et moi plus heureuse que lui de pouvoir le soulager. Comme je savais qu'il devait paraître le lendemain devant ceux qu'il redoutait si fort, je l'engageai à faire courage. Lorsque j'allai frapper à la porte du cachot pour me faire ouvrir par le gardien, il vint vers moi et me prit les mains pour m'empêcher de frapper. Il avait les yeux égarés, ses dents claquaient... Il m'a dit : « Madame, merci, merci des bontés
« que vous avez eues pour moi. Ne revenez
« plus me voir... Demain, vous apprendrez
« ma mort.... Je ne puis plus supporter la

« vie. Merci ! allez vous-en. » Et il s'avan-
çait vers la porte. A mon tour, je l'ai re-
poussé. Je priais la Sainte Vierge de me venir
en aide, je priais nos saints Anges gardiens.
J'ai pris les deux mains de mon prisonnier.
Il était si grand que j'étais obligée de lever
la tête pour voir sa figure. Le pauvre malheureux était comme en agonie. Je lui ai dit :
« Comment, Pancaldi, vous voulez vous ôter
« la vie, pour aller en enfer... moi, je ne le
« veux pas... Je veux que vous soyez à côté
« de moi dans le ciel ! Il faut supporter la
« vue de ceux que vous avez dénoncés. C'est
« un moment pénible... courage !... Où avez-
« vous mis ce qui doit vous faire mourir ?...
« Pancaldi, je vais appeler la garde qui est
« vis-à-vis, et on vous mettra aux fers... Si
« vous me dites ce que vous voulez faire, je
« n'en parlerai pas. Mettez-vous à genoux
« avec moi, nous prierons la Sainte Vierge. »
Je l'ai forcé de s'y mettre ; j'ai récité le
Memorare avec une grande confiance. Je lui
ai dit ensuite : « Restez contre la fenêtre,
« laissez-moi chercher, sans cela j'appelle la
« garde. »

« J'ai cherché , j'ai trouvé, sous son lit, le verre qui contenait le poison. J'ai été obligée de me glisser sous les banquettes pour le prendre. Quand il a vu que j'avais son verre, il m'a encore priée de le lui donner, mais je l'ai renversé sens dessus dessous et j'ai recueilli tout le cuivre dans mon mouchoir de poche. J'ai frappé alors à la porte et j'ai fait venir pour quatre sous de vin que j'ai fait boire à mon pauvre prisonnier.

« Le lendemain, je suis venue le voir à dix heures du matin. Il venait d'être confronté ; il était au désespoir... il lui fallait être confronté encore une fois avant son jugement. Il me disait comme la première fois : « Merci, Madame, ne revenez plus me « voir. C'en est fait de moi.... Demain, vous « apprendrez que Pancaldi a cessé de vivre. »

« Me voilà comme la première fois. Je lui demande ce qu'il veut faire pour se faire mourir. Il ne répond rien. Je l'ai fait mettre à genoux, j'ai récité le *Memorare*. J'ai dit à la Sainte Vierge : « O ma Mère, vous qui « êtes la consolation des affligés, consolez ce « pauvre prisonnier. » Puis je lui ai dit :

« Pancaldi, laissez-moi chercher. » J'ai soulevé la couverture de son lit, elle était à moitié défilée du côté du mur. Avec cette défilure, il avait fait une corde pour se pendre aux barreaux de sa fenêtre. Je l'ai trouvée et mise dans ma poche. Je lui ai encore fait faire courage et lui ai dit : « Pancaldi. après « tant de bontés que j'ai eues pour vous, je « ne veux pas que vous aillez en enfer ! « Espérons dans la miséricorde de Dieu! Ayez « confiance ! »

« Le surlendemain, il a été condamné à vingt ans de galères. Il a fait demander son colonel et lui a dit : « Vous m'avez promis « que j'aurais ma grâce quand j'ai révélé les « complots ; tenez votre parole. » Le colonel lui a obtenu une commutation de sa peine en une détention de dix ans au château d'Ivrée. Il m'a écrit plusieurs fois qu'après ces dix ans, il voudrait entrer comme domestique dans un monastère pour y faire pénitence. »

Mlle Guittaud fait probablement erreur de nom. C'est un nommé Jean-Baptiste Canale, soldat au 1er régiment de Pignerol, qui a dénoncé le projet de faire sauter la poudrière et a amené l'arrestation de Tamburelli ; c'est lui qui a obtenu la commutation de peine à raison de sa dénonciation. Peut-être le nom de Pancaldi n'était-il qu'un surnom sous lequel était connu le prisonnier. Mais cela importe peu et rien ne nous autorise à suspecter la vérité du récit.

Quant à l'ingénieur Boschiere, il n'est pas étonnant qu'on n'en trouve pas le nom dans les journaux de l'époque, puisqu'il a été transféré à Turin et acquitté.

J'ai cherché à me procurer les registres d'écrou de la prison de Chambéry de l'année 1831, mais il se trouvent égarés, et le gardien-chef, malgré d'inutiles recherches, n'a pu les retrouver.

Revenons à M. Louis Boschiere :

« Il redoublait ses prières et attendait son jugement ; il me disait toujours : « Oh ! Ma-« dame, je compte sur vous, sur la promesse « que vous m'avez faite. J'y compte, oh ! « oui.... »

« Deux jours avant l'audience où il devait être jugé, voilà qu'une estafette arrive de Turin, avec ordre de faire transférer dans cette ville M. Louis Boschiere, ingénieur, pour y être jugé.... Je ne l'ai pas vu à son départ. Lorsque je suis allée le demander aux prisons, on m'a dit qu'il était parti pour Turin dans une voiture fermée, accompagné de six carabiniers, deux dans la voiture et quatre à cheval, aux portières.

« Effrayée à cette nouvelle, j'ai beaucoup prié pour lui. Je demandais à la Sainte Vierge de lui venir en aide. Je disais : « Faites qu'il « soit acquitté, ô ma Bonne Mère. (J'avais « perdu ma mère depuis quelques années, et « dès lors j'ai pris la Très Sainte Vierge pour « ma mère.) Il vous a priée jour et nuit... « Cœur de ma Mère, ne me refusez pas cette « grâce ! »

« Rien ne saurait exprimer la joie que j'ai ressentie lorsque, huit jours plus tard, j'ai reçu de M. Boschiere la lettre suivante :

« Oh ! incomparable Dame ! C'est aujour- « d'hui que j'ai été acquitté par la protection « de la Très Sainte Vierge. Les paroles me

« manquent. Je mouille de mes larmes sa
« sainte image. Qu'elles sont douces et diffé-
« rentes de celles que je versais dans les
« malheureux jours de ma prison ! Je ne sais
« comment vous remercier de toutes les bon-
« tés que vous avez eues pour moi. Vous
« seule, Madame, comme un ange descendu
« du ciel, aviez le pouvoir de me consoler
« dans ma prison. Aussi vos bontés ont pris
« racine dans mon cœur; de ces racines ont
« poussé des branches qui toutes sont mon-
« tées jusqu'au ciel. Elles soutiennent des
« milliers de couronnes qui vous attendent
« dans le ciel. Continuez de prier pour moi,
« ô bien digne et chère Dame ! L'image de
« la Sainte Vierge, que vous m'avez donnée,
« je la porte sur moi avec vénération, et je
« l'emporterai avec moi dans la tombe.

« Permettez-moi, Madame, d'aller vous
« voir pour me jeter à vos pieds, et vous dire
« les vœux que mon père et moi formons
« pour votre bonheur.

« Louis Boschiere. »

« J'ai reçu plusieurs autres lettres de lui,
mais je n'ai pas permis qu'il vînt me voir. »

CHAPITRE III

ANECDOTES DIVERSES

« Un jour, en arrivant aux prisons, je demandais au gardien ce qu'il y avait de nouveau. Il m'a dit : « Il vient d'entrer un nègre,
« le prince Christophe ; la princesse a pris
« une chambre à l'hôtel qui est vis-à-vis de
« la prison. » Aussitôt, j'allais voir le nègre,
qui m'a raconté ses malheurs. A la mort de
son père, décédé à Haïti, il avait recueilli un
riche héritage ; mais, en arrivant dans la
ville, il avait appris qu'un intendant avait
volé tous les effets et titres de la succession,
et avait disparu. Il s'était mis à le poursuivre
de ville en ville jusqu'à Turin, où il avait
logé à l'hôtel Feder, avec sa femme, en fai-

sant des démarches pour découvrir les traces
de son voleur. Après de si longs voyages, ils
se trouvaient à bout de ressources. Le maître
d'hôtel, M. Feder, avait fait saisir tous leurs
effets, et, comme ils ne suffisaient pas à le
désintéresser, il les avait remis à la police,
qui les faisait reconduire à la frontière du
Pont-de-Beauvoisin. Ils ont été traînés d'étapes en étapes, accompagnés de carabiniers
jusqu'à Chambéry, où ils ont dû séjourner
quelques jours pour se reposer. Comme ils
n'avaient pas de quoi payer une voiture, ils
avaient dû faire la route à pied. Ses pieds
étaient tout ensanglantés ; la pauvre négresse
pleurait en me racontant ses peines.

« Je suis allée voir le gouverneur pour le
prier de faire fournir une voiture gratis à ces
pauvres nègres jusqu'au Pont-de-Beauvoisin.
Il m'a donné un billet que j'ai porté à la
Maison-de-Ville, où l'on a mis une voiture à
ma disposition. Je l'ai fait amener à la porte
de la prison.

« Pendant que je faisais ces courses, les
carabiniers étaient venus pour emmener les
deux prisonniers. Ceux-ci avaient refusé de

partir, en disant qu'une dame faisait des démarches pour leur obtenir une voiture. Il m'a fallu aller au maréchal des logis pour le prier d'envoyer des carabiniers à cheval pour accompagner la voiture. Il m'a répondu : « Puisque vous avez tant de pouvoir, Ma- « dame, vous payerez pour une nouvelle « correspondance ; les carabiniers qui de- « vaient accompagner ces prisonniers sont « partis. » Je ne me suis pas déconcertée. « Combien voulez-vous ? » lui ai-je dit : « Trente-cinq francs pour deux jusqu'au « Pont-sur-France. » Je les lui ai comptés et il a envoyé les deux hommes à cheval.

« Je suis arrivée à la prison pour revoir les deux nègres, leur donner des habillements, des vivres et quelque argent pour leur voyage. La rue était pleine de monde pour les voir. Avant de monter en voiture, la négresse m'a dit : « Madame, jamais nous « n'oublierons vos bontés ; aussi je veux « vous donner un souvenir. » Elle a coupé une mèche de ses cheveux, qui étaient frisés comme la laine d'un mouton, et me l'a donnée. Le prince m'a dit : « Mademoiselle,

« gardez, je vous prie, ce souvenir de la
« princesse ; vous aurez de nos nouvelles... »
Ensuite, elle m'a prise par la taille et m'a
soulevée trois fois aussi haut qu'elle a pu le
faire ; elle me remerciait en pleurant de reconnaissance. Ils sont partis escortés par les
gendarmes.

« Un mois après, j'ai reçu une lettre du
Pont. L'enveloppe portait très pressé. C'était
le prince Christophe qui m'écrivait en ces
termes :

« Ayh ! Ouf ! Mademoiselle venez, venez
« vite à notre secours. Nous sommes perdus.
« En arrivant au Pont, les carabiniers nous
« ont laissés libres. Le voiturier a dit à la
« foule qui nous entourait que nous étions
« des princes ; alors M. Barbier, maître
« d'hôtel de la Poste, nous a engagés à aller
« loger chez lui. Nous y sommes restés de-
« puis notre départ de Chambéry. Voilà qu'il
« veut être payé ; nous lui avons promis de
« lui envoyer le montant de sa note aussitôt
« que nous serions arrivés à Haïti, notre
« pays. Il nous a remis entre les mains de la
« police. On nous a enlevé tout le linge que

« vous nous avez donné ! Eh ! Mademoiselle,
« venez à notre secours. »

« Je suis partie de suite pour les secourir.
Arrivée au Pont, j'ai trouvé la place pleine
de monde qui voulait voir partir les nègres.
Les gendarmes étaient à la porte de l'hôtel ;
ils m'ont laissée entrer. J'ai trouvé dans la
chambre des deux nègres le maître de poste
qui faisait estimer leur linge et jusqu'à leurs
souliers. Je lui ai dit : « Ne prenez pas ce
« linge, c'est moi qui le leur ai donné à
« Chambéry. » M. Barbier m'a répondu :
« Madame, vous me payerez ce qu'ils me
« doivent, autrement ils vont être conduits
« par les gendarmes à la Tour-du-Pin, où ils
« resteront en prison jusqu'à ce qu'ils me
« paient. » Je l'ai prié d'attendre jusqu'à ce
que j'eusse parlé au commandant. M. Barbier m'y a accompagnée. M. le commandant
m'a dit : « Mademoiselle, les nègres m'ont
« raconté que Mlle Laurence Guittaud, de
« Chambéry, les connaissait beaucoup et
« leur avait fait du bien.... Comment les
« connaissez-vous ? » « — Monsieur le com-
« mandant, si vous vous étiez trouvé dans

« les prisons de Chambéry, dans le malheur,
« sans connaître personne, je vous aurais
« rendu les mêmes services qu'à ces pauvres
« nègres.... C'est par charité que je l'ai fait
« pour eux. Quand ils seront dans les pri-
« sons, pourront-ils payer M. Barbier ? N'est-
« il pas mieux de les laisser retourner dans
« leur pays, d'où ils pourront lui envoyer le
« montant de sa note ? » « — Eh bien ! m'a
« dit le commandant, nous allons envoyer
« chercher un notaire et vous vous rendrez
« leur caution. »

« M. Barbier m'a offert un terme aussi
long que je voudrais... ce que j'ai refusé. Le
notaire est venu et nous a fait souscrire un
billet qu'il a laissé dans mes mains, et j'ai
dit à M. Barbier : « Aussitôt que M. Chris-
« tophe m'enverra de l'argent, je vous le
« ferai tenir. » Ce qui fut accepté.

« Le commandant a mis alors les nègres
en liberté ! Le pauvre M. Christophe me
disait : « Mademoiselle, vous êtes la Sainte
« Vierge ! Descendez-vous du ciel au moment
« de nos malheurs ?... Ah ! vous nous sauvez
« une seconde fois ! » La négresse s'appuyait

sur mon épaule et pleurait d'attendrissement.... Je suis allée demander deux places dans la diligence, jusqu'à Lyon, dans un café où se tenait le bureau des diligences. Le maître du café qui avait tout vu, m'a accordé les deux places de coupé *gratis*. Pendant qu'on attelait, j'ai fait une quête dans le café. On m'a donné près de cent soixante francs, du pain, des oranges, du sucre, etc... J'ai pu remettre cinquante francs à compte de sa note à M. Barbier, qui m'en a fait le reçu.

« J'ai donné, aux deux voyageurs, une lettre de recommandation pour une famille de Lyon, et ils sont partis. Deux ans plus tard, ils sont revenus à Chambéry pour me demander d'être marraine d'un petit enfant de trois mois. Par malheur, j'étais absente. »

*
* *

« Souvent j'ai eu l'occasion de faire du bien à des prisonniers. Un jour, en entrant dans la cour d'arrêt, j'ai aperçu, dans un cachot, un prisonnier à genoux qui disait son chapelet! Il était habillé en religieux. Je lui

ai demandé comment il avait été mis dans
les prisons ; il m'a répondu : « Je suis ermite ;
« j'ai entendu dire qu'il y avait, à Chambéry,
« un saint missionnaire, M. Favre. On m'a
« défendu de rester dans mon ermitage... Je
« suis venu à Chambéry prier ce mission-
« naire de me faire entrer au couvent de la
« Trappe. Comme j'ai fait vœu de ne jamais
« toucher de l'argent, je ne puis rester dans
« le monde, ni payer mes dépenses de
« voyage. »

« Je lui ai dit que je connaissais ce missionnaire, je lui parlerai pour lui ; mais je
voulais savoir d'abord pourquoi il était en
prison. Il m'a dit : « En passant au Pont-de-
« Beauvoisin, sur la place, j'ai vu deux voi-
« turiers en blouses bleues qui parlaient à
« des carabiniers, en me montrant du doigt.
« Deux carabiniers m'ont adressé des ques-
« tions ; puis, ils m'ont dit que j'étais un
« voleur, que je portais un habit religieux
« pour me déguiser, que j'avais volé une
« caisse de couleurs, que j'avais profité pour
« la dérober d'un moment où le voiturier
« était entré dans une auberge. Quand celui-

« ci était revenu, la caisse avait disparu, etc.
« J'ai eu beau nier, ils m'ont dit : Marchez
« devant nous, vous vous expliquerez en pri-
« son... Ils m'ont conduit en prison, où ils
« m'ont laissé pendant trois semaines pour
« prendre des renseignements sur moi, puis
« ils m'ont amené ici. Je n'ai rien volé bien
« certainement ; mais j'ai résolu de ne pas
« me défendre.... et de tout souffrir. Je suis
« couvert de vermine que j'ai ramassée dans
« les prisons du Pont. »

« Après l'avoir encouragé, je suis allée parler à M. l'avocat général, à qui j'ai demandé
la permission de le faire entrer à la pistole.
Je lui ai donné le nom et l'adresse de ce
malheureux, en le priant de faire prendre
des renseignements sur sa moralité.

« Ayant obtenu la permission, je l'ai fait
placer dans une chambre séparée ; je lui ai
porté des habillements neufs, en me chargeant de nettoyer ceux qu'il avait sur lui.

« Trois jours après, M. l'avocat général,
ayant reçu les meilleurs renseignements sur
ses antécédents, m'a donné son billet de mise
en liberté. Je lui ai défendu de reprendre ses

habits de religieux... Comme il était malade, je l'ai fait entrer à l'Hôtel-Dieu, où il est resté deux semaines. Lorsqu'il a été guéri, je l'ai emmené d'abord chez moi pour le chauffer et lui faire prendre un potage. Puis, j'ai prié les Capucins de le mettre coucher pendant quelques jours, me réservant de le nourrir chez moi.

« Je l'ai alors présenté à M. l'abbé Favre, qui était au Grand-Séminaire. Ils sont restés ensemble plus d'une heure pendant que je disais mon chapelet. Le lendemain, M. Favre m'a dit : « C'est un saint ! Arrêtez-lui une « place dans la diligence jusqu'au couvent de « la Trappe, qui est plus loin que Grenoble... « Je lui remettrai une lettre de recomman- « dation pour le couvent. »

« J'ai payé toute sa dépense jusqu'à sa destination et je l'ai accompagné à la diligence. Il m'a donné une sainte relique de saint Pierre d'Alcantara, et a sorti de son chapelet une tête de Christ qu'il avait sculptée lui-même, en me disant que Dieu me récompenserait de tout ce que j'avais fait pour lui. Je lui ai demandé de m'écrire quand

il serait au couvent; il m'a dit qu'il ne le
pourrait pas, mais qu'il prierait pour moi. »

***

A la suite de ces souvenirs des prisons de
Chambéry, Mlle Guittaud raconte d'autres faits
détachés se rapportant à diverses époques de
sa vie.

On y reconnait toujours cette confiance en
Dieu, cette pieuse témérité qui la pousse à
entreprendre des œuvres nouvelles. Témoin
des misères des jeunes filles abandonnées, elle
concevait la pensée de leur ouvrir un refuge.
C'est ainsi que la pensée de l'œuvre du Bon-
Pasteur a dû germer en elle.

Nous devons, pour cette partie, comme pour
les récits sur les prisons, nous rappeler qu'ils
n'ont été écrits qu'en 1865, ainsi qu'elle l'avoue
elle-même. Pour la plupart, c'était trente ou
quarante ans après l'événement ; il ne faut
donc pas s'étonner si la vive imagination du
narrateur mêle à ses souvenirs quelques détails
moins exacts qui leur donnent de l'intérêt et
du relief.

Après cette réserve critique, je reprends mon manuscrit :

« Le 4 octobre 1826, une enfant âgée de quatre ans, nommée Madeleine, fille d'un marchand de Chambéry, s'amusait, vers une heure après midi, avec un couteau qu'elle finit par s'enfoncer dans l'œil droit ; il en sortit trois gouttes de sang pur et le blanc de l'œil devint tout sanguinolent. Le médecin fut de suite appelé et dit aux parents que le mal était sans remède... qu'il faut en faire le sacrifice. La petite se plaignait de douleurs atroces et ne cessait de pousser des cris. Ses parents s'abandonnaient au chagrin le plus violent. Ils ne voulaient pas entendre les paroles de consolation. Témoin de cette scène déchirante, je suis allée me jeter aux pieds de la Sainte Vierge, la priant de guérir cette enfant.

« Revenant auprès des parents, je leur ai dit que j'avais voué leur enfant à la Sainte Vierge, qu'il fallait faire dire une messe pour sa guérison et que, dès le lendemain, elle retournerait à l'école. Le soir même elle a

demandé à goûter, en disant à sa mère :
« Maman, mes yeux sont guéris. » Trans-
portés de reconnaissance envers la Sainte
Vierge, le père et la mère la conduisirent, le
lendemain, à la Métropole, pour entendre la
messe d'actions de grâces qui a été célébrée
par M. le chanoine Revel. Son œil était aussi
beau que l'autre et n'avait conservé aucune
trace de la blessure. Gloire à la Très Sainte
Vierge ! »

*
* *

« Un orphelin était maltraité par sa belle-
mère, il s'était engagé pour échapper aux
mauvais traitements. Comme il avait beaucoup souffert, il est tombé malade ; il avait
en outre une maladie de la peau. Il a été
renvoyé du régiment et est rentré chez sa
belle-mère. Celle-ci allait travailler à sa journée sans s'inquiéter du pauvre malade. Il
couchait dans un galetas ; à vingt-huit ans,
il ne savait pas faire sa prière, ni même le
signe de la croix.

« On m'a parlé de ce jeune homme qui
n'avait pas fait sa première communion. Je
suis allée le voir dans sa chambre, voisine de

notre habitation, et je lui ai dit de se tenir tous les jours, à deux heures de l'après-midi, sur sa galerie ; que je lui ferais signe quand je serais seule, que je lui apprendrais son catéchisme, mais que je n'osais pas en parler à ma mère, à cause de sa mauvaise maladie.

« La chose a bien réussi ; il apprenait avec facilité quoiqu'il ne sût pas lire ; il était fort assidu. Outre la lettre du catéchisme, il lui fallait encore en comprendre l'explication et se préparer à se confesser.

« Le jour du mardi-gras, papa et maman étaient sortis pour aller au jardin, disant : « Nous reviendrons à quatre heures. » Dès qu'ils furent sortis, j'ai fait signe à mon protégé de venir. J'avais du plaisir à lui donner à manger quelques friandises dont je me privais. Comme il récitait son catéchisme, on sonne à ma porte. Je lui dis : « Vincent, « cachez-vous derrière les rideaux de mon « alcôve, je vais ouvrir, mais je ne laisserai « entrer personne. » C'était une dame qui venait passer l'après-midi avec maman. Je l'ai engagée à l'aller rejoindre au jardin ;

mais elle a refusé en disant : « J'ai le temps d'attendre. » Elle avait vu bouger les rideaux et a soupçonné qu'il y avait quelqu'un chez moi. Enfin, elle est restée une heure et demie assise en face de moi. Oh! que j'étais ennuyée! Papa et maman sont rentrés, elle est allée parler en secret à maman. Elles se sont assises dans ma chambre à m'observer. Voilà papa qui vient et les engage à aller à une fenêtre pour voir passer les masques. J'ai vite profité de leur absence pour faire sortir Vincent qu'elles n'ont pu voir. Maman m'a dit en rentrant : « Qui est-ce qui vient de sortir. » J'ai répondu que c'était Vincent Curtelin, que je lui apprenais le catéchisme. On m'en a fait un crime à cause de sa maladie qui pouvait se communiquer. Maman m'a défendu de le faire rentrer dans la maison.

« Le lendemain, en allant à la messe, j'ai rencontré M. le curé, à qui j'ai raconté ce qui s'était passé la veille. Il m'a dit : « Quand « vous aurez eu la messe, vous direz à ma- « man que c'est moi qui la prie de vous lais- « ser continuer les leçons de catéchisme à « Vincent. »

« Avant d'entrer dans la chambre de maman, j'ai récité les litanies de saint Pierre d'Alcantara, puis je lui ai fait part avec courage et confiance de la prière de M. le curé. Elle m'a répondu : « Continue à lui appren-
« dre le catéchisme, fais-le venir tous les
« jours, même deux fois par jour si tu veux ;
« quand il fera sa première communion, nous
« l'habillerons, nous aurons soin de lui. »
Oh ! comme j'ai remercié le bon Dieu !

« Dix jours après, il a eu le bonheur de faire sa première communion. Après sa confirmation, je lui ai obtenu de la ville une bourse de cent francs pour apprendre un métier. Il a continué de s'approcher des sacrements et s'est toujours montré fort reconnaissant. »

« Un jour, j'ai reçu une lettre d'un aumônier du roi Charles-Albert, par laquelle il me priait de me charger d'une petite fille de huit ans ; il me disait que ce serait une œuvre de charité bien méritoire, que la mère l'amènerait chez moi, qu'elle me ferait re-

mettre cent cinquante francs tous les six
mois ; il ajoutait que, si je consentais à me
charger de cette enfant, il me mettrait au
courant de son histoire.

« Le même jour, j'écrivis que je la rece-
vrais à bras ouverts. Deux jours après, j'ai
reçu, avec une lettre de la mère, une lettre
de l'aumônier qui me recommandait de tenir
bien secret le nom de la famille. Voici ce
qu'il m'a écrit :

« Mademoiselle, vous avez rendu un grand
« service à une famille de Turin, en vous
« chargeant de leurs deux enfants que vous
« avez mis en pension à Chambéry : la petite
« Adèle au Sacré-Cœur, et le fils Eugène à
« Saint-Louis-du-Mont. Vous allez les voir
« tous les jeudis et leur servez de mère. Ces
« parents vous envoient l'argent pour payer
« les pensions, vous leur en tenez un compte
« exact ; ils vous ont une grande reconnais-
« sance. La pauvre petite, dont vous con-
« sentez à vous charger aujourd'hui, est sœur
« d'Adèle et d'Eugène. Elle est dans une
« triste position et ne pourra jamais entrer

« chez ses parents... Voici comment la chose
« s'est passée :
   « Sa mère était veuve, chargée de trois
« enfants, et sans ressources. Un jour, elle
« a été invitée à dîner dans une maison où
« était invité aussi un monsieur très riche.
« Il était placé vis-à-vis de la jeune veuve ;
« elle lui a plu et il a résolu de la demander
« en mariage. Il ne connaissait ni son veu-
« vage, ni la situation de sa famille. Le len-
« demain, il est revenu dans la maison de-
« mander des renseignements sur cette de-
« moiselle... On lui a dit qu'elle était veuve
« et avait des enfants, sans préciser le nom-
« bre. Alors ce monsieur s'est récrié, en
« déclarant que puisqu'elle avait des enfants
« il ne l'épouserait pas. On lui a dit : Vous
« avez de la fortune pour la mère et pour les
« enfants. Alors, il a réfléchi et a dit : Eh
« bien! invitez-la à dîner encore pour de-
« main, si cela ne vous gêne pas, nous nous
« parlerons.
   « En faisant à la jeune veuve cette seconde
« invitation, les mêmes personnes lui recom-
« mandaient de ne point parler de sa petite

« fille qui était restée en Savoie, de lui dé-
« clarer seulement deux enfants, Adèle et
« Eugène. Pour la troisième, n'en parlez pas ;
« ce serait dommage, il ne vous épouserait
« pas.

« Elle a suivi ce conseil, le mariage s'est
« fait. C'est donc, Mademoiselle, la pauvre
« petite sœur des deux enfants auxquels
« vous servez de mère, qui, à son tour, a
« besoin de vos soins. C'est au nom du bon
« Dieu, au nom de la mère désolée, qui ne
« peut prendre sa petite chez elle, que je vous
« prie de vous en charger. La mère vous
« l'amènera ; elle vous donnera 300 francs
« par an ; vous la placerez au *Bon-Pasteur*,
« afin qu'il ne soit plus parlé d'elle. »

« Huit jours après, la mère est venue avec
sa petite Maria. Je l'ai de suite aimée ; de
son côté, la petite m'a fait beaucoup de caresses. Je l'ai gardée quelques jours, puis je
l'ai envoyée à l'école. A l'âge de douze ans,
je l'ai placée au Sacré-Cœur, où était la
petite Adèle, qui ne la connaissait pas. Je
n'ai dit à personne que c'était sa sœur, et
personne ne le soupçonnait.

« Enfin, un jour, l'aumônier et la mère
m'écrivent pour m'annoncer la visite du
mari, qui vient en Savoie voir Adèle et Eugène, et me recommandent de ne pas parler
de Maria, dont il ignore l'existence.

« J'ai reçu ce monsieur peu de jours après,
je lui ai offert une chambre chez moi, et je
l'ai accompagné au Sacré-Cœur pour voir
Adèle. Au retour chez moi, je lui ai dit que
j'étais chargée d'une jolie petite fille de douze
ans, que je voudrais l'inviter à venir dîner
avec nous. Après le dîner, j'ai engagé Maria
à nous chanter une romance, ce qu'elle a fait
avec une grâce charmante ; nous étions tous
fort émus.

« Nous nous sommes acheminés vers Saint-
Louis-du-Mont pour voir Eugène. En passant
sur le boulevard, j'ai engagé Maria à se mettre
en avant. Ce monsieur me dit alors : « Oh !
« Mademoiselle, comme cette jeune fille est
« gentille. J'aurais trop de bonheur si elle
« était à moi. » J'avais une tentation violente
de trahir le secret qui m'avait été si fort recommandé. J'y résistais cependant et nous
montâmes à Saint-Louis-du-Mont. Le lende-

main, après le dîner, la même scène se renouvela. Il me répéta encore que cette petite l'avait enchanté, qu'il l'aimait de tout son cœur. Je n'y tins plus et je lui dis : « Maria « est à vous, elle est sœur d'Adèle et d'Eu-« gène !.... » et je lui racontai toute son histoire. Il en pleurait de bonheur. Nous avons appelé Maria et je lui ai dit de venir embrasser son père ; son émotion a été si vive, qu'elle est tombée évanouie dans mes bras. Dès qu'elle eut repris ses sens, elle l'a comblé de caresses qu'il lui rendait au centuple.

« Cet excellent homme a promis de ne faire aucun reproche à sa femme au sujet de cette petite supercherie. Il a tenu parole. Arrivé à Turin, il a tout raconté à sa femme et l'a immédiatement envoyée à Chambéry pour retirer sa fille. Il lui avait remis une somme de quinze cents francs, afin qu'elle pût l'habiller, la conduire à Lyon, puis la ramener à Turin pour la présenter à sa famille.

« La jeune fille est bien mariée, et son beau-père a été le parrain de son premier

enfant. Elle est toujours très reconnaissante
du service que je lui ai rendu. »

*
* *

« Une veuve, de Besançon, protestante,
avait deux filles. L'aînée avait déjà été abandonnée par sa mère. La seconde, âgée de
vingt ans, était fort jolie et avait inspiré une
passion coupable à un riche protestant, qui,
voulant en faire sa maîtresse, avait offert à
la mère dix mille francs pour cet ignoble
marché. Il devait venir la prendre le soir
même, à minuit, pour l'enlever.

« Dieu a permis qu'un domestique de la
maison, qui avait tout entendu, avertît la
jeune fille. Aussitôt, elle est allée chez les
RR. PP. Jésuites demander ce qu'elle devait
faire dans la terrible position où elle se
trouvait. Le bon Père lui a dit : « Ne rentrez
« pas chez votre mère ; je vais retenir une
« place à la diligence pour Chambéry, je
« vous donnerai de l'argent pour votre
« voyage et une lettre de recommandation
« pour un de nos Pères ; il connaît une dame
« charitable qui prendra soin de vous. »

« Quelques jours après, le portier des Jésuites est venu me dire que le R. P. Durand
voulait me parler pour une affaire très pres-
sante. Quand je suis entrée au parloir, le
R⁴ Père m'a dit, en me présentant la jeune
personne : « Mademoiselle, je vous prie de
« vous charger de cette demoiselle, de lui
« apprendre le catéchisme. Quand elle le
« saura, nous lui donnerons le baptême,
« vous serez sa marraine et vous lui servirez
« de mère. »

« Je l'ai emmenée chez mon cher père, qui
m'a permis de la garder avec nous. Je l'aimais beaucoup, elle n'a manqué de rien.
Après six mois, elle a été baptisée par le
R. P. Durand, dans la chapelle des Dames
du Sacré-Cœur. Mon père a été son parrain
et moi sa marraine. Elle a profité de la grâce
du saint baptême, elle a voulu se consacrer à
Dieu par la vie religieuse. Elle est entrée au
couvent des Sœurs de Charité, à la Roche.
Nous avons fait son trousseau et payé sa
pension pendant son noviciat. Quelque temps
après, elle a été envoyée à Naples dans une
maison du même Ordre. Un an après, elle a

été nommée supérieure. Sa tâche est remplie, Dieu l'a rappelée à lui pour la récompenser de ses sacrifices et des pénitences qu'elle avait faites depuis sa conversion.

« Jamais son indigne mère n'a su ce qu'elle était devenue. »

* *
*

« Un jour, je passais sur les boulevards de Chambéry, j'ai regardé une jeune femme qui montrait un panorama, et qui m'engageait à y entrer. J'ai demandé à lui parler ; je l'ai questionnée sur son pays, sur sa religion, etc. Elle m'a dit : « Je suis avec mon « mari ; il est protestant, je suis catholique « ainsi que notre domestique ;... nous sommes « mes sans lit, nous dormons sur un peu de « paille... » Elle rougissait en me parlant et me semblait peinée. J'ai pensé alors qu'elle n'était pas mariée et lui ai dit : « Ma chère « enfant, vous n'êtes pas mariée. Le salut « de votre âme avant tout ;... si vous veniez à « mourir, vous n'iriez pas au ciel. Venez « avec moi, je vous placerai en sûreté. « Faites-moi parler à votre maître. » Elle

m'a avoué alors ce que j'avais deviné et a
appelé le directeur du panorama. J'ai obtenu
de lui qu'il laissât venir avec moi cette jeune
fille que j'ai placée au Bon-Pasteur. Quelque
temps après, elle m'a priée d'écrire à sa mère
qu'elle avait quittée depuis deux ans et dont
elle n'avait plus de nouvelles. Elle lui demandait pardon et la suppliait de vouloir
bien la reprendre. Courrier par courrier, la
mère a répondu en promettant de la recevoir.
Elle est partie aussitôt en se confondant en
pleurs et en remercîments. Gloire à Dieu !

« De son côté, le directeur du panorama
est venu me voir souvent, a témoigné le désir
de se faire aussi catholique. Je lui ai procuré
un catéchisme allemand et suis allée prier
Mgr l'archevêque de m'indiquer un ecclésiastique sachant l'allemand, qui pût l'instruire.
Mgr Billiet m'a adressée à M. Delaquis qui l'a
préparé au saint baptême. Il a été baptisé à
l'église de Notre-Dame par M. le curé Mercier. Il est ensuite parti pour Turin, où il a
vendu ses panoramas pour prendre un commerce d'épicerie. »

« Nous avions, à Chambéry, un prêtre
apostat. Pendant la grande Révolution, il
avait prêté serment et abandonné toutes les
pratiques religieuses. Il s'était marié et avait
eu deux filles, mais il les avait perdues, ainsi
que sa femme. Resté seul, il donnait des
leçons d'italien pour gagner sa vie. Dieu,
dans sa bonté, a voulu l'amener à se convertir, et voici le moyen dont il s'est servi.

« Un jour, en priant pour lui, il me vint
à la pensée de le prendre pour professeur
d'italien, afin de comprendre mieux mes
pauvres prisonniers italiens ou piémontais,
et aussi pour avoir l'occasion de lui parler
de son salut. Mon père y consentit, et, pendant trois semaines, il me donna, chaque
jour, une heure de leçon. Souvent je lui parlais des bontés de Dieu pour les pécheurs
et il ne me répondait rien ! Enfin, après
avoir réglé le compte de son mois de leçons,
j'ajoutai : « Si vous avez besoin de quelque
« chose, je ferai tout ce que je pourrai pour
« vous. »

« Le lendemain matin, j'ai reçu de lui une
lettre, où il me décrivait sa chambre froide,

sans bois, au cœur de l'hiver; il avait bouché
sa cheminée avec de la paille, il n'avait pas
de couvertures; ses jambes pouvaient à peine
le soutenir. J'ai lu sa lettre à mon père, qui
lui a fait porter immédiatement du bois, une
couverture de laine et des habillements
chauds. En même temps, après avoir invo-
qué la Sainte Vierge et nos saints anges
gardiens, je lui ai écrit la lettre suivante :

« Monsieur, j'ai lu votre lettre; elle m'a
« fait beaucoup de peine en voyant que vous
« ne pensez qu'à votre corps, qui sera, un
« jour, la pâture des vers. Mon père et moi,
« nous sommes venus avec plaisir au secours
« de votre corps; mais vous, Monsieur, volez,
« volez au secours de votre âme qui est im-
« mortelle. Réjouissez les anges et les saints
« qui sont dans le ciel. Ils feront tous une
« belle fête le jour de votre conversion. Cou-
« rage! ayez une grande confiance en la pro-
« tection de la Sainte Vierge. Elle veut votre
« salut! Courage, cher Monsieur, je vous
« demande pardon d'oser vous parler ainsi...
« La bonté de notre divin Sauveur me l'a
« inspiré. Si vous êtes fidèle à correspondre

« à la grâce qui vous presse, ne recevez pas
« cette lettre comme venant de moi, mais
« comme venant du ciel. Sauvez votre âme!
« elle est morte devant Dieu! Cette pensée
« m'afflige. Jésus-Christ, qui a versé son
« sang pour la racheter, vous aidera à la
« ressusciter. Il vous accordera une parfaite
« contrition qui vous ouvrira le Ciel. C'est
« ce que je vous souhaite de toute la force
« de mon âme! Je suis et serai toujours dis-
« posée à vous être utile.

« Toute à vous, en Notre Seigneur,

« L. G. »

« Le lendemain matin, il est venu remercier mon père de ce qu'il avait reçu de sa
bonté. Il lui a lu ma lettre avec de grosses
larmes qui coulaient sur ses joues. Il était
tout tremblant, il disait : « J'ai reçu cette
lettre d'un ange! » Mon père versait des
larmes d'attendrissement, il m'a fait venir.
En me voyant, l'infortuné m'a dit : « Oh!
« Mademoiselle, il n'y a point de pardon
« pour moi, après une vie aussi coupable!
« J'ai eu le malheur d'écrire contre les sa-

« crements, contre ma conscience, contre les
« prêtres ! » Il était plein de terreur. Je lui
ai dit : « Courage ! un acte de contrition
« vous obtiendra votre pardon ; ayez con-
« fiance ! Les miséricordes de Dieu sont
« infinies !!! » Il m'a dit : « Votre lettre m'a
« terrassé, bouleversé, j'ai pleuré toute la
« nuit... » Je l'ai engagé à se confesser ; il
m'a promis de se confesser au prêtre que je
lui désignerais, me demandant seulement
jusqu'au lendemain pour s'y préparer. Je lui
donnais rendez-vous, vers sept heures du
matin, dans la chapelle de Saint-Joseph.
J'allais ensuite prier M. le chanoine Revel de
se rendre à l'heure convenue à son confessionnal.

« Le lendemain matin, lorsque je l'ai vu
entrer dans l'église, je l'ai conduit au confessionnal ; mais, lorsqu'il a aperçu le prêtre,
il s'est levé et est sorti de la chapelle. Je
suis allée vite le prendre par le bras avec
mes deux mains, en lui disant : « C'est le
« démon qui vous fait fuir... Venez, faites
« courage, vous serez content après. » Je l'ai
ramené dans le confessionnal et je ne l'ai

pas quitté que la grille ne fût ouverte. Il avait une si grande douleur de ses péchés, qu'il était tout mouillé de larmes et que ses soupirs entrecoupaient ses paroles. Son confesseur a dû le conduire dans sa chambre pour achever sa confession.

« Quelques semaines après, il a été reçu à l'hospice de Saint-Benoît. Oh! amour! oh! bonté de Notre Seigneur !

« Gloire vous soit rendue, ô mon Dieu! »

CHAPITRE IV

REFUGE POUR LES FILLES

« En continuant mes visites aux pauvres filles des prisons, j'ai été heureuse de pouvoir en soulager plusieurs. J'avais un grand désir d'avoir une maison pour retirer celles qui n'avaient pas de parents et qui ne trouvaient pas d'ouvrage, à cause de leurs antécédents fâcheux. En sortant de prison, elles ne savaient que devenir et elles y revenaient de nouveau.

« Un jour, je leur faisais une lecture sur les jugements de Dieu, je leur disais : « La-
« quelle d'entre vous serait prête à paraître
« devant Dieu? » Une fille, orpheline, s'est jetée à genoux et m'a dit en pleurant : « Nous

« ne sommes pas prêtes à paraître devant
« Dieu, après la vie que nous avons menée !
« Quand nous sortirons de prison, nous irons
« chez vous, si vous voulez bien nous rece-
« voir ; vous nous mettrez dans votre galetas,
« nous gagnerons le pain et l'eau que vous
« nous donnerez. Autrement, nous sommes
« perdues ! personne n'a confiance en nous
« et ne veut nous donner de l'ouvrage. Aidez-
« nous, nous serons bien sages ! »

« Je leur ai répondu : « Il y a bien long-
« temps que je veux faire une maison pour
« celles qui n'ont pas de parents. Priez pour
« cela, mes chères filles ! » Je promettais ;
mais je ne voyais pas la possibilité de réussir. J'en avais parlé plusieurs fois à mon
directeur, le priant d'en faire la demande à
Mgr Martinet, qui me refusait la permission
de prendre chez moi ces pauvres filles abandonnées... Il disait : « Je ne veux pas que vous
« commenciez cette maison ; nous n'avons pas
« de fonds. » Je répondais à Monseigneur :
« La Providence est inépuisable ; laissez-
« moi commencer à prendre ces filles chez
« moi et la Providence nous viendra en aide.

« Personne ne donnera rien si la maison n'est
« pas ouverte. »

« Je priais notre divin Sauveur de me faire
connaître sa volonté ; pour moi, j'étais prête
à faire tous les sacrifices, toutes les démarches pour retirer du désordre ces malheureuses filles. »

Une circonstance fortuite, qui se présente
alors, lui semble une manifestation de la volonté divine. Je la reproduis textuellement,
dans toute sa simplicité :

« Un employé des prisons est venu me
dire que quatre carabiniers étaient aux
prisons pour conduire en Piémont trois filles
et plusieurs prisonniers, que l'on m'attendait pour leur donner quelque chose pour
leur voyage. Je m'y suis rendue aussitôt.
J'y ai trouvé une fille de vingt ans, toute en
pleurs. Elle n'avait qu'une mauvaise robe
déchirée pour aller à pied, d'étape en étape.
C'était au fort de l'hiver. Elle m'a fait compassion : J'ai de suite quitté mes jupes
chaudes, dont l'une était neuve;.... je l'ai
habillée. La pauvre enfant ne voulait pas

l'accepter. Elle frappait du pied, elle me disait : « Je ne veux pas! Vous allez prendre « froid! J'aime mieux mourir! Gardez votre « linge! » Enfin, après bien des instances, elle a fini par se rendre... Elle m'a dit : « Oh! « Mademoiselle, jamais je ne veux offenser « le bon Dieu! Je garderai ce linge en sou- « venir de vos bontés pour moi. »

« Elle a tenu sa parole ; après avoir passé un an dans la prison de l'Ergastolo, elle m'a écrit qu'elle avait réfléchi à tout ce que j'avais fait pour elle, qu'elle ne voulait plus retourner dans le monde où elle pourrait encore offenser Dieu ; qu'elle désirait entrer au Refuge de Turin. Je l'y ai fait admettre ; elle a persévéré et s'est sauvée du naufrage. »

« Cependant, je ne me décourageais pas des refus que j'éprouvais, quand je demandais à prendre des jeunes filles chez moi pour commencer une Maison de refuge. Cette pensée me poursuivait jour et nuit... Je continuais de prier.

« J'avais écrit, à une demoiselle de Turin,

le désir que j'avais de faire une Maison de refuge à Chambéry, la priant de demander quelque chose à M. le marquis de Barol pour commencer cette œuvre, ajoutant que l'argent qu'il m'enverrait donnerait du courage à Mgr Martinet pour l'entreprendre. Deux jours après, j'ai reçu cinq cents francs du marquis et je les ai aussitôt portés à M. le chanoine Revel.

« Un jour que je me préparais à recevoir Notre Seigneur, j'ai entendu une voix qui me disait : « Pars pour Grenoble, pour y « voir des Maisons de refuge. » Cette voix m'a accompagnée jusqu'à la Sainte Table ; elle était si forte, que je me suis retournée pour voir si quelqu'un me parlait. Ne voyant personne, j'ai compris que c'était la volonté de Dieu.

« Je suis allée parler à mon directeur de la voix que j'avais entendue, en lui disant que je pouvais être dans l'illusion. Il m'a dit : « Vous n'êtes pas dans l'illusion, mon « enfant ; partez pour Grenoble. Suivez tou- « jours les inspirations que vous aurez. »

« Une heure après, j'étais en diligence ; le

temps était affreux, la neige tombait à gros flocons. Je suis arrivée à Grenoble à une heure et demie. J'ai demandé s'il y avait une Maison de refuge pour les pauvres filles. Un jeune homme m'a dit qu'il y en avait une à Seyssinet, qu'il fallait, pour y aller, prendre une voiture dans la rue Pertuisière, numéro 15. Avant de m'y rendre, je suis allée voir Monseigneur l'évêque de Grenoble, je lui ai fait part de mon projet de fonder une Maison de refuge à Chambéry. Il m'a regardée, m'a demandé si j'étais mariée, m'a parlé de la maison de Seyssinet, confiée aux religieuses du Bon-Pasteur, qui sont tout habillées de blanc, avec un voile noir et un cordon bleu.... Il m'a fait plusieurs questions auxquelles j'ai répondu, m'a donné une lettre pour la Supérieure, l'engageant à me faire visiter la Maison et à m'indiquer les moyens d'en fonder une à Chambéry. Oh ! que j'étais contente !

« Je me suis rendue alors à Seyssinet. La Supérieure m'a dit qu'elle devait partir, avec l'aumônier, pour le Puy-en-Velay. Elle allait demander à la Mère générale, qui se trouvait au Puy, des religieuses pour une fondation à Nice. Elle m'a engagée à partir avec elle et à demander, en même temps, des religieuses pour Chambéry.

« J'y ai consenti. Nous sommes partis le lendemain matin ; mais la Mère générale n'est arrivée que onze jours après. Elle m'a remis le livre des Constitutions, en me recommandant de ne pas le laisser à Monseigneur, s'il ne voulait pas avoir des religieuses du Bon-Pasteur, mais de le lui renvoyer par la poste. Avant de quitter le Puy, j'ai encore eu le plaisir de parler aux Madeleines. »

*
* *

Ici se place une épisode qui prouve, à la fois, le courage de notre héroïne et la considération dont elle était déjà entourée à cette époque.

En revenant du Puy, elle passait par le Pont-de-Beauvoisin et allait voir M. l'abbé Ferroud, supérieur des religieuses Augustines. Laissons-lui la parole :

« Il m'a dit : « Vous ne savez pas ce qui « est arrivé à votre neveu ! Il a manqué à ses

« chefs, il va passer au conseil de guerre.
« Monseigneur Martinet et M. le marquis
« d'Oncieu, gouverneur, ont adressé une
« demande en grâce qui a été refusée. »

« En arrivant à Chambéry, je suis allée
voir ma sœur pour lui faire prendre courage.
Je lui ai dit : « Tranquillise-toi, je partirai
« ce soir pour Turin, je ferai ce que je pour-
« rai pour ton fils. » Comme le Mont-Cenis
est bien mauvais, j'ai engagé son mari à
m'accompagner, mais il s'y est refusé, craignant les avalanches qui rendent le voyage
très dangereux.

« Je suis allée chez l'auditeur des guerres
lui demander une lettre pour l'auditeur de
Turin. Il m'a découragée en me disant :
« Mademoiselle, ne partez pas ! Je suis au
« courant de cette malheureuse affaire. Vous
« ne serez pas à temps ; il sera peut-être
« fusillé quand vous arriverez à Turin. »

« Mais j'ai espéré contre toute espérance ;
j'ai mis ma confiance dans la Sainte Trinité
qui gouverne tout. Je suis partie en me recommandant aux saints anges. Il y avait la
tourmente sur le Mont-Cenis. Le traîneau où

j'étais a versé deux fois; les vitres ont été brisées. Un homme m'a portée dans un *ricovero* toute mutilée et toute gelée. Nous y sommes restés deux heures pour nous remettre.

« Arrivée à Turin, je suis allée aussitôt chez Mme la comtesse Grimaldi. Quand elle m'a vue, elle m'a dit : « Ma chère amie, quel « dommage que vous veniez dans un mo- « ment si triste pour vous! Vous n'obtiendrez « rien! » Je lui ai répondu : « Eh bien! « Madame, je ne veux pas l'abandonner, je « le ferai confesser, je l'accompagnerai jus- « qu'au dernier moment. Je veux, quoiqu'il « m'en coûte, qu'il meure en chrétien. »

« Le lendemain, j'ai voulu remercier M. le marquis de Barol pour les cinq cents francs qu'il m'avait envoyés. J'ai trouvé avec lui le ministre, M. le marquis de Villamarina qui m'a adressé la parole. Je lui ai exposé le motif de mon voyage; il en a parlé à Sa Majesté. Le bon Dieu avait tout conduit!

« Je suis allée, avec le comte Grimaldi, chez le gouverneur de Turin, chez le général d'Arvillard, chez le général d'Aviernoz et

chez l'auditeur des guerres. Je n'ai rencontré
que des refus ; ils n'ont pas voulu en parler
au roi.

« Ces démarches ont duré depuis le 18
avril jusqu'au 12 mai 1838, jour où Sa Majesté m'a envoyé sa grâce. Voici le texte du
billet royal :

« CHARLES-ALBERT, par la grâce de Dieu, roi
   « de Sardaigne, de Chypre et de Jérusalem,
   « duc de Savoie et de Gênes, etc., etc.

« Par la relation qui nous a été faite, nous
« avons été informé de la sentence qui a été
« prononcée, le 8 du courant, par le conseil
« de guerre régimental du 2me régiment de
« Savoie, contre le caporal fourrier Perret
« Jean-Marie, par laquelle il a été condamné
« à la peine de dix ans de galère pour délit
« d'insubordination.

« Beaucoup de recommandations nous sont
« parvenues en faveur dudit Perret ; mais la
« nécessité de maintenir sévèrement la dis-
« cipline militaire dans nos armées, et les
« lois qui répriment de tels délits devant
« pleinement être observées, nous étions en

« quelque sorte forcé de repousser ces re-
« commandations, quoique appuyées sur
« l'état d'ivresse dans lequel se trouvait le
« délinquant lorsqu'il commit le délit.

« Alors, il nous parvint une supplique pré-
« sentée par la tante dudit Perret, Mlle Lau-
« rence Guittaud, dont les vertus et les
« œuvres particulières de charité sont de
« notoriété publique dans toute la Savoie
« et spécialement dans la ville de Chambéry,
« où on la voit journellement consacrer ses
« soins, son temps et sa fortune au soula-
« gement des pauvres et des prisonniers, et
« en outre, à l'érection d'un établissement
« destiné à servir d'asile à l'innocence et au
« repentir des jeunes personnes du sexe.

« Touché des détails qui nous ont été faits
« à ce sujet, nous avons voulu donner à la-
« dite demoiselle Guittaud une preuve sen-
« sible et manifeste de notre satisfaction
« souveraine, accordant à ses vertus et à sa
« charité vraiment chrétienne la commuta-
« tion qu'aucune autre recommandation ne
« pouvait obtenir.

« En conséquence, par les présentes, de

« notre pleine et entière science et autorité
« souveraine, ouï l'avis de notre Conseil,
« nous avons commué comme nous com-
« muons la peine de dix ans de galère, à
« laquelle avait été condamné ledit Perret, à
« celle de six ans de chaîne militaire.

« Mandons et ordonnons à notre président
« auditeur général des guerres de faire exé-
« cuter et expédier les présentes, telle étant
« notre volonté.

« Turin, 12 mai 1838.

        « *Signé :* CHARLES-ALBERT.

   « *Contre-signé :* VILLAMARINA. »

Les termes flatteurs de cette lettre de grâce,
l'approbation anticipée qui y était donnée à la
création d'une Maison de refuge ne pouvaient
manquer d'exercer une puissante influence sur
Mgr l'archevêque de Chambéry. Aussi, après
avoir pris connaissance des Constitutions du
Bon-Pasteur, il adressa Mlle Guittaud d'abord
à M. le chanoine Vibert, puis, au refus de celui-

ci, à M. le chanoine Revel, qui resta son conseiller et son appui [1].

A son retour de Turin, sur l'ordre de M. Revel, elle alla se présenter à Mgr Martinet. Écoutons le récit naïf de cette entrevue :

« Je lui ai demandé, comme toujours, qu'il me laisse prendre des filles chez moi. Il m'a

---

[1] M. Revel François-Joseph-Amédée, né à Cluses, le 19 janvier 1792, a été ordonné prêtre le 17 décembre 1814. Nommé d'abord vicaire à Saint-Pierre d'Albigny, il a été rappelé à Chambéry le 14 août 1815, comme secrétaire de Mgr Dessoles. Chanoine titulaire du Chapitre métropolitain de Chambéry le 2 février 1823; doyen du Chapitre le 15 janvier 1829; vicaire général de Mgr Martinet le 17 avril 1838, et de Mgr Billiet le 7 juillet 1840; archidiacre le 16 juin 1840; chevalier de l'Ordre des SS. Maurice et Lazare en 1845 ; mort le 28 avril 1847, à l'âge de 55 ans.

M. Revel a été trésorier des bourses ecclésiastiques depuis 1828 jusqu'à sa mort. Il avait pour la comptabilité un talent distingué.

L'œuvre du *Bon-Pasteur* de Chambéry était son œuvre de prédilection; il lui fit, dans son testament, un legs de 2,000 francs; on verra, surtout dans ce récit, de nombreuses lettres, adressées à Mlle Guittaud, qui prouvent l'intérêt qu'il lui portait, et le tact parfait avec lequel il savait l'encourager et la diriger.

dit : « Combien me demandez-vous par tête ? »
Je lui ai répondu : « Rien ! Monseigneur ;
« elles travailleront, elles mangeront le pain
« qu'elles gagneront. » Alors, il a repris :
« Eh bien ! arrangez-vous avec M. Revel ; je
« consens à vous laisser commencer cette
« Maison.... Prenez des filles chez vous....
« Vous rendrez compte de tout ce que vous
« ferez à M. Revel... il m'en parlera... A Dieu
« seul la gloire du succès ! »

« Oh ! quel bonheur j'ai éprouvé, après tant
de refus, d'avoir enfin la permission ! Je suis
allée me jeter aux pieds de Notre Seigneur,
lui demander les grâces dont j'avais besoin.
J'ai pris la résolution de faire tous les sacrifices pour la réussite de cette œuvre. J'ai
prié la Sainte Vierge, refuge des pécheurs,
d'être sur mes lèvres, dans mon cœur. Je
priais aussi mon bon ange gardien et saint
Michel, archange, de m'accompagner dans
toutes mes démarches.... Que de combats
j'avais à soutenir pour rester dans le monde.
Je soupirais depuis longtemps après une vie
de retraite et de prières ; mais j'en ai fait à
Dieu le sacrifice. Travailler au salut des

jeunes filles égarées était ce que Dieu demandait de moi.

« Après avoir demandé à Dieu sa bénédiction, je suis sortie de l'église pour aller aux prisons prendre une fille orpheline, nommée Maria, que j'ai menée chez moi. Elle a été la première.

« Ensuite, je suis allée chercher une jeune fille de seize ans, nommée Marie, qui était abandonnée. Quand je suis arrivée à la porte, j'ai frappé. On m'a dit : « Entrez ! » Quand le militaire qui jouait aux cartes avec elle m'a vue, il a pris son épée et s'est enfui. Je restai seule avec elle ; pour m'éloigner de la table où se trouvaient les cartes et le vin blanc, elle me dit : « Mademoiselle, venez « voir un joli vase de sensitive que l'on m'a « donné et qui est sur ma fenêtre. Je veux « vous l'offrir.... » Je l'ai refusé ; mais je voyais, sur un toit en face de la fenêtre, deux gros chats qui se battaient et qu'elle ne voyait pas, ayant les yeux baissés pendant que je lui parlais de son salut. Voilà qu'un de ces chats tout gris, tombe sur la fenêtre, entre dans la chambre et disparaît par le guichet

du bas de la porte d'entrée. La pauvre fille,
effrayée du bruit, se jette à genoux en se
cachant dans ma robe et me dit en pleurant :
« Mademoiselle, le diable vient me prendre...
« emmenez-moi. » J'ai remercié son bon ange
et lui ai dit que je venais précisément pour
la chercher : « Venez avec moi. ma chère
« enfant, j'aurai soin de vous. »

« Elle me suivit aussitôt, elle était persua-
dée que le démon était venu l'enlever et qu'il
l'aurait prise si je n'avais pas été auprès
d'elle. Je me gardais bien de lui expliquer
que c'était un chat. Grâce à ce stratagème,
elle est venue avec moi et a fait ma deuxième
pensionnaire. Je leur ai donné de l'ouvrage
et j'ai recommandé à ma domestique de ne
pas les quitter pendant que j'irais en chercher d'autres.

« Le lendemain matin, en sortant de la
première messe, je suis allée frapper à la
porte de la chambre où était une jeune orpheline de dix - neuf ans. Malheureusement,
elle avait une figure agréable, aussi rien ne
lui manquait pour sa vanité. Elle ne m'a
pas répondu. Au second coup, elle a de-

mandé : « Qui est là ? » — « Mademoiselle
Guittaud, » ai-je dit. « Oh! Mademoiselle,
« j'irai chez vous; je ne suis pas habillée,
« j'irai chez vous dans une demi-heure. » —
Je lui ai répondu : « Habillez-vous, j'ai le
temps d'attendre. » Elle est venue entre-
bailler la porte seulement pour me parler ;
mais j'ai poussé vivement, je suis entrée
dans la chambre et je lui ai dit : « Adélaïde,
« vous êtes orpheline, je viens vous chercher
« pour vous mener chez moi. J'aurai soin de
« vous; vous n'avez pas de parents, je vous
« servirai de mère. J'irais jusqu'au bout du
« monde pour vous sauver... Vous êtes expo-
« sée; venez chez moi, je vous attends dans
« une demi-heure. »

« Elle est venue chez moi une demi-heure
après. Elle pleurait beaucoup en me disant :
« Savez-vous, Mademoiselle, ce qui est ar-
« rivé : Voyez cette clé, c'est la clé de ma
« chambre ! Le jeune homme qui y était
« caché tout à l'heure a entendu tout ce que
« vous m'avez dit. Il a déclaré qu'il ne paye-
« rait plus mon loyer; il m'a engagée à venir
« chez vous, à vous remettre cette clé, en

« vous priant de la rendre au propriétaire,
« M. X..., en l'assurant qu'il ira le payer. Il
« vous prie de faire porter, chez le bouqui-
« niste de la place Saint-Léger, tous les livres
« qui sont sur la table, il les payera égale-
« ment. »

« J'ai tranquillisé la pauvre fille et l'ai
engagée à faire apporter son linge chez moi.
J'ai rendu la clé ; mais, pensant que les
livres étaient peut-être de mauvais romans,
je les ai portés chez M. Revel. Il m'a dit :
« Laissez-les moi ; il y a là de quoi perdre
« bien des âmes. Quand le marchand ira les
« réclamer chez vous, vous me l'enverrez. »
Il est venu le lendemain et a fait du bruit.
Je l'ai prié de sortir et d'aller voir M. Revel.
Quand il y est allé, M. Revel a pris tous ses
livres, et, sous ses yeux, les a jetés au feu,
en lui disant : « Malheureux, je pourrais
« vous faire punir. Sortez de chez moi ! »

« Quant au jeune homme, il a fait une
confession générale ; j'ai eu la consolation,
trois semaines plus tard, de me trouver à
côté de lui à la Sainte Table. La jeune fille
a pleuré de regret d'avoir offensé Dieu et, en

même temps, de joie d'être rentrée en grâce. Elle a persévéré; j'ai eu le bonheur, après quelques mois, de la placer dans une maison sûre. Sa maîtresse l'aime beaucoup. »

Un jour, Mlle Guittaud apprend qu'une jeune fille va sortir de prison, elle l'engage à venir aussitôt chez elle, où elle la gardera. Ne la voyant pas venir, elle s'inquiète et apprend que la malheureuse a été racolée, sur le seuil de la prison, par une mauvaise femme qui l'a emmenée. Elle n'hésite pas et va frapper à la porte de cette maison mal famée. Une femme lui ouvre et ne peut assez s'étonner de voir Mlle Guittaud en pareil lieu. A ses pressantes questions, elle répond que la jeune fille vient de sortir avec deux autres et doit se trouver dans une taverne près des casernes. L'intrépide visiteuse se hâte de s'y rendre; elle demande Jeannette F...; la maîtresse du logis dit qu'il n'y a personne chez elle. Mais elle insiste avec tant d'autorité que cette femme se décide à aller la chercher. Mlle Guittaud la suit furtivement et entre avec elle dans la salle du festin,

où les trois jeunes filles étaient attablées avec
huit messieurs. Grande fut leur surprise à tous ;
ils se lèvent ébahis ! Elle en profite pour adresser une vive exhortation aux pauvres filles et
les emmène toutes les trois, sans que personne
ose les lui disputer. Elle avoue avoir bien prié
son ange gardien dans cette expédition. Certes,
elle avait besoin de ce secours céleste !

Les trois jeunes filles vinrent grossir le
nombre de ses pensionnaires et persévérèrent
dans le bien ; un des officiers avoua avoir été
retenu par sa vénération pour Mlle Guittaud,
au moment où il allait lui résister.

Une autre conquête faillit lui coûter plus
cher. La jeune fille qu'elle venait chercher était
accompagnée d'un officier, au moment où elle
entra chez elle. Cet homme furieux s'emporte
en blasphémant horriblement ; il tire son épée
et fait mine de la transpercer. Un frisson gla-
cial parcourt les veines de Mlle Guittaud ; cependant elle reste impassible, heureuse de trouver
une occasion de souffrir le martyre. Sur un
mot de la jeune fille, ce misérable sort enfin

et laisse sa malheureuse victime aux soins de Mlle Guittaud, qui l'emmène chez elle et en prend un soin maternel.

Le lendemain, elle enlève une autre pauvre jeune fille à un employé qui l'entretenait ; celui-ci était absent ; mais rencontrant ensuite la charitable demoiselle dans la rue, il lui cingla un coup de cravache en pleine figure ; heureusement, le coup ne fit que l'effleurer, sans lui faire de mal.

Un autre jour, une femme charitable vient lui dire qu'une autre pauvre fille de vingt ans est réduite à coucher dans une montée ; elle va la voir et la trouve affligée d'une maladie fort rebutante ; la charité l'emporte, dans son âme, sur toutes les répugnances ; elle emmène la pauvre malade chez elle et la soigne avec tant de bonté, qu'elle a la consolation de la guérir parfaitement. Alors, elle place sa pauvre protégée dans une bonne maison. Celle-ci se trouve trop faible, trop exposée dans le monde. Elle demande à entrer chez les Madeleines de Turin, où elle fait une fin édifiante.

Une autre fille, plus malade encore, trouve les mêmes soins maternels chez Mlle Guittaud. Elle se présente, disant qu'elle est réduite au désespoir, qu'elle a consulté le bourreau qui lui a dit qu'elle ne peut pas guérir. Malgré la répugnance que lui inspire son mal, Mlle Guittaud l'accueille avec bonté, la garde chez elle jusqu'à ce que, complètement guérie, elle soit en état d'être placée. Elle la confie alors à une dame de Turin, chez laquelle cette pauvre fille passe le reste de sa vie et meurt chrétiennement.

Un jour, elle va au fond d'une allée, dans une maison suspecte, d'où elle tire deux filles, l'une de vingt-quatre ans, l'autre de vingt-deux. Celle-ci n'avait pas fait sa première communion. Elle les emmène chez elle, les instruit, les convertit, et, après quelques années, les marie toutes les deux. Elles sont devenues des femmes honnêtes !

Elle retourna une fois encore dans cette triste maison. La maîtresse était absente ; Mlle Guittaud sut si bien faire qu'elle gagna la confiance d'une jeune fille de vingt et un ans, qu'elle trouva seule. Elle l'emmena chez elle, et, après quelques mois passés à l'instruire, la trouvant suffisamment affermie, elle la plaça à Lyon. Cette pauvre abandonnée y épousa un homme riche, qui lui donna 20,000 francs de dot et 2,000 francs de trousseau. Un jour, Mlle Guittaud voit entrer, dans sa chambre, une dame qui se jette à ses genoux, en lui exprimant la plus vive reconnaissance ; c'était la pauvre fille qu'elle avait sauvée qui venait la remercier et l'assurer qu'elle resterait toujours fidèle à ses devoirs.

Un bon Père Capucin vint, un jour, confier à Mlle Guittaud une fille de vingt-cinq ans, native d'Orelle. Celle-ci la reçoit avec bonté et a la consolation de la voir bientôt convertie et transformée.

Elle ajouta encore, à ses pensionnaires, une autre jeune personne de dix-sept ans, qu'elle alla chercher dans une chambre où elle avait été placée par un jeune homme qui la détournait de ses devoirs.

Après cette longue énumération des quinze
premières recrues de Mlle Guittaud, reprenons
son récit :

« Lorsque j'ai eu quinze filles chez moi,
M. Revel, grand-vicaire, m'a fait demander
et il m'a dit : « Mgr Martinet a tenu conseil à
« l'archevêché avec les vicaires généraux ; ils
« ont dit à Monseigneur qu'il ne faut pas
« laisser établir une Maison de refuge pour
« les jeunes filles..., que cette œuvre ne réus-
« sira pas..., qu'il n'y a pas de fonds. Bref, il
« a été décidé que vous devez placer ou ren-
« voyer ces filles que vous avez chez vous,
« au nombre de quinze, et aussi celle que
« vous avez prise pour surveiller les autres. »
Il a ajouté : « Je vous défends absolument
« d'en prendre d'autres. Il n'en faut plus
« parler... »

« Eh bien ! ai-je répondu, je me repose sur
vous de tout le mal qui se fera si je laisse ces
filles dans le monde... Le bon Dieu ne me
demandera pas compte de leur âme.

« Il m'a répondu : « Moi non plus, je n'en
« prends pas la responsabilité ! Faites ce que

« je vous dis..., l'obéissance vaut mieux que
« tous les sacrifices ! »

« Tout ce que j'ai pu dire a été inutile ; j'ai
dû promettre que je renverrai ces pauvres
filles qui avaient de si bonnes dispositions et
pour lesquelles j'avais eu bien des combats
à soutenir. J'avais le cœur percé de douleur !

« Je suis sortie bien affligée et suis allée
prier devant le Saint Sacrement, demandant
à Notre Seigneur de faire connaître sa sainte
volonté. Je le suppliais de m'éclairer, de me
diriger. Je n'avais pas le courage d'abandonner ces pauvres filles qui me donnaient
tant de consolation par leur retour à Dieu ;
mais je devais l'obéissance à mon directeur...
Je suis sortie de l'église, décidée à obéir :
mon parti était pris !

« Quand je suis entrée dans la chambre de
ces pauvres filles, j'étais pâle comme la mort ;
elles l'ont remarqué et m'ont demandé si
j'avais des peines à cause d'elles. Je leur ai
dit : « Oh ! oui, mes chères enfants, j'ai
« beaucoup d'ennuis : Monseigneur ne veut
« pas que je vous garde chez moi, ni que je
« fasse une Maison pour vous et pour tant

« d'autres malheureuses filles qui pourraient
« se convertir... Ne perdez pas courage, com-
« mençons une neuvaine en l'honneur de la
« Sainte Vierge, notre Mère,... elle est le
« refuge des affligés,... prions tous les saints
« anges, saint Michel, archange. Pendant
« ces neuf jours, ne disons pas une seule
« parole qui soit inutile. La Sainte Vierge
« aura pitié de nous. Faisons courage ! Tra-
« vaillez comme si vous deviez rester. »

« Une fille s'est levée, s'est jetée à genoux
les bras en croix. Toutes les autres filles en
ont fait autant. Elles m'ont toutes dit : « Oh !
« Mademoiselle, gardez-nous chez vous ; ne
« nous placez pas, nous sommes trop faibles
« pour rester dans le monde. Mettez-nous
« toutes dans votre galetas. Nous gagnerons
« le pain que vous nous donnerez. »

« — Mes chères enfants, leur ai-je répondu,
« fort touchée, j'aurai soin de vous, je parta-
« gerai mon pain avec vous toutes... Cou-
« rage !... »

« Le soir même, après avoir fait souper
ces pauvres filles que j'aimais beaucoup, j'ai
fait la prière du soir, et après une courte

lecture sur la Passion de Notre Seigneur Jésus-Christ, je me suis aidée à faire leurs lits. J'avais pour chaque jeune fille un garde-paille, avec draps et couvertures. Elles se couchaient sans lumière et gardaient le silence jusqu'au matin. Après qu'elles ont été couchées, je suis restée à genoux pour prier.

« A une heure du matin, je me suis trouvée dans un grand recueillement; j'ai vu Notre Seigneur en croix, couvert de plaies et de sang. Notre Seigneur m'a dit : « Ma fille, « c'est le péché d'impureté qui m'a mis dans « cet état. Fais cette œuvre, c'est ma volonté ! « Je serai ton soutien dans toutes tes peines! »

« Il m'est impossible d'exprimer la douleur que j'ai éprouvée en voyant Notre Seigneur couvert de plaies et de sang. J'ai cru un moment que j'allais mourir de douleur! Je suis restée évanouie. O! amour de mon Jésus !

« Le matin, je suis allée à la première messe. Avec quelle ferveur j'ai reçu Notre Seigneur dans la sainte communion ! Que de grâces j'ai reçues ! Je sentais en moi la présence de Jésus que je venais de recevoir ! Je parlais à mon Jésus avec une entière confiance. Après mon action de grâces, je suis rentrée chez moi, j'ai fait lever tout mon monde, j'ai fait la prière. Alors une fille qui couchait dans ma chambre m'a dit devant toutes les autres : « Mademoiselle, vous avez « vu le bon Dieu cette nuit ; j'ai vu votre « chambre éclairée comme par la clarté d'un « beau soleil. » Je n'ai pas répondu.

« Je suis sortie pour aller parler à mon directeur au confessionnal. Je lui ai dit ce qui était arrivé ; j'étais émue, il m'était resté une vive impression. Il s'en aperçut et me dit : « Donnez-moi la permission de parler à « M⁰ʳ Martinet, afin qu'il consente à vous « laisser garder les filles que vous avez. « Quand je lui aurai confié ce que vous venez « de me dire, il verra que c'est la volonté de « Dieu,.. il vous protégera pour cette œuvre. » Je lui ai demandé seulement de prier Monseigneur d'en garder le plus grand secret, ce qu'il m'a promis.

« Il est allé chez Monseigneur et lui a tout raconté. Sa Grandeur lui a dit : « Faites « demander de suite Mˡˡᵉ Guittaud, dites-lui « que je consens à ce qu'elle garde toutes les

« filles. Qu'elle vienne me parler aujourd'hui,
« nous verrons comment elle peut soutenir
« cette maison. Nous l'aiderons ! »

« Aussitôt prévenue, je suis allée à l'évêché,
Monseigneur m'a demandé ce que je comptais
faire pour commencer. Je lui ai dit : « Mon-
« seigneur, je vais chercher une grande mai-
« son à louer pour un an seulement : j'y
« mettrai des lits pour les religieuses que
« vous ferez venir. Dès qu'elle sera meublée,
« j'y transporterai les lits de toutes les filles
« que j'aurai. Ne vous inquiétez pas, je pré-
« parerai tout ce qu'il faudra pour cet éta-
« blissement. Vous avez, pour payer, les cinq
« cents francs que M. le marquis de Barol nous
« a envoyés de Turin. » Monseigneur ayant
approuvé, je me suis mise à chercher une
maison. J'en ai trouvé une à Nezin avec un
jardin. Le loyer était juste de cinq cents
francs par an.

Si mes souvenirs ne me trompent, cette maison est celle qui portait le nom de maison Dolin,
et depuis maison Raymond, à Nezin, n° 25. Le
Bon-Pasteur ne devait pas y rester longtemps.

« En attendant, j'allais toujours chercher des filles. Depuis le mois de mai 1838, jusqu'au mois de janvier 1839, j'en ai eu chez moi jusqu'à vingt-six. Mais, comme je l'ai dit, j'avais dès le premier mois le bonheur d'en placer de temps en temps dans des maisons sûres, et on ne m'a jamais fait de reproches sur leur conduite. Au contraire ! En ce moment, il ne m'en restait plus que quinze, et une fille fort raisonnable, pour surveiller les autres. Elle est devenue Sœur tourière.

« Dans les premiers jours, je n'avais pas d'ouvrage à donner à ces pauvres filles.... Nous en avons demandé à saint Joseph et à la Sainte Vierge ; le même jour, on m'a apporté seize paires de draps à faire et quatre grosses pièces de toile pour faire des chemises. Pendant les neuf mois, l'ouvrage n'a jamais manqué. Je n'ai reculé devant aucun sacrifice, ni devant aucune démarche pour faire réussir cette œuvre, qui m'a coûté tant de peine, dont Dieu a été le seul témoin. Je garde aussi le silence sur les persécutions et les calomnies que j'ai eues à supporter. »

CHAPITRE V

INSTITUTION, RÈGLEMENT ET APPROBATION DE LA MAISON DE REFUGE DU « BON-PASTEUR » DE CHAMBÉRY.

Le nom de Mlle Guittaud ne figure pas dans les actes officiels de l'établissement de la Maison du *Bon-Pasteur* de Chambéry, et n'y devait pas figurer. Elle était comme le ressort caché au fond de la montre qui échappe à tous les regards et qui seul donne le mouvement et la vie à tout ce merveilleux mécanisme.

Cependant, pour être complet, nous devons reproduire ici les actes publiés qui ont, en 1838, fondé cette œuvre à Chambéry et en ont réglé l'administration.

Extrait du registre des délibérations du Conseil général de Charité du duché de Savoie.

L'an mil huit cent trente-huit et le trente du mois de septembre,

Le Conseil général de Charité du duché de Savoie, assemblé à Chambéry, au palais archiépiscopal, aux personnes de Sa Grandeur illustrissime et révérendissime Antoine Martinet, archevêque de Chambéry, chevalier Grand'Croix, décoré du grand cordon de l'Ordre des Saints Maurice et Lazare, président ; de Son Excellence le chevalier Pettiti, premier président du Sénat, chevalier Grand' Croix de l'Ordre des Saints Maurice et Lazare ; de M. Gonsalès, intendant général ; de M. De Saint-Bonnet, substitut, avocat fiscal général ; de M. le R^d chanoine doyen Revel, vicaire général ; de M. le R^d chanoine Vibert, vicaire général, chevalier de l'Ordre des Saints Maurice et Lazare, et M. le baron Fortis, chevalier de l'Ordre des Saints Maurice et Lazare, tous conseillers, et ledit M. Fortis, conseiller et secrétaire ;

Vu l'exposé fait par Sa Grandeur Mgr l'Archevêque, duquel il résulte qu'un des objets qui occupe le plus vivement sa sollicitude pastorale est l'établissement d'une maison de refuge pour les femmes ou filles de mauvaise vie, qui souvent ne persévèrent dans leur conduite immorale et scandaleuse que parce que la misère et l'habitude de l'oisiveté les y retiennent ;

Qu'ouvrir un asile au repentir, où l'instruction est jointe au travail, c'est préparer un avenir d'ordre et de vertu aux victimes infortunées des passions, qui ont quelque désir de changer ;

Que diverses circonstances ont contrarié jusqu'à ce jour l'exécution d'un projet aussi favorable aux progrès de la morale ;

Que les principales ressources pour commencer et soutenir cet établissement consistent dans les offrandes de la charité et dans un capital déposé dans la caisse de l'hospice de mendicité de cette ville, en vertu d'une ordonnance sénatoriale du 16 août 1831, et dont le revenu annuel s'élève à la somme de 1,324 livres 45 centimes, en outre le capital de 618 livres 23 centimes qui reste en caisse et n'a pas encore été placé ;

Qu'un appel que Sa Grandeur n'a pas hésité à faire au clergé et aux religieux de son diocèse a été entendu et qu'elle peut déjà compter pour six ans sur un revenu de 4,000 livres environ, montant des souscriptions recueillies, et qu'il est à espérer que cette somme s'accroîtra encore, sans préjudice du produit du travail des repenties ;

Qu'encouragée par ce premier succès, elle a loué une maison avec l'intention de faire plus tard l'acquisition d'un local plus vaste et plus convenable, selon que les circonstances le permettront ;

Que la direction intérieure d'un établissement aussi important serait confiée à des religieuses de l'Ordre de Saint-Joseph, de Saint-Vincent-de-Paul ou du Bon-Pasteur, déjà admises dans les États de Sa Majesté (Nice) ;

Que son intention ne serait point que cette Congrégation devînt propriétaire de l'établissement, ni qu'elle pût recevoir aucune donation, ni legs en faveur de l'œuvre, mais que tout le temporel fût régi par une administration particulière qui, seule, serait propriétaire et reconnue habile à acquérir, soit à titre gratuit, soit à titre onéreux ;

Que la nature de cet établissement, qui a un but tout religieux, semble exiger que l'administration qui le régira soit exclusivement composée d'ecclésiastiques, sous la présidence de l'Archevêque ; que, s'il en était autrement, on peut affirmer que, outre plusieurs inconvénients graves qui en résulteraient, on verrait bien vite tarir les ressources de la charité généreuse qui se porte d'une manière admirable vers cette œuvre, en raison de la confiance accordée au clergé qu'on en suppose devoir être l'unique administrateur, sous la haute protection de Sa Majesté ;

Que cette administration serait composée de l'Archevêque, président, de ses vicaires généraux et des quatre curés de la ville de Chambéry ; qu'un membre pris dans son sein remplirait gratuitement les fonctions de trésorier et un autre celle de secrétaire ;

Que la Congrégation religieuse des Sœurs ne pourrait recevoir et administrer que les sommes provenant des dots des religieuses ;

que l'administration temporelle appellerait
le nombre des Sœurs nécessaire pour la direction de la maison, et conviendrait avec elles
d'une somme annuelle pour leur entretien
personnel ; que ce serait donc à l'administration à pourvoir à toutes les dépenses, tant
ordinaires qu'extraordinaires ;

Que l'administration ferait les règlements,
au sujet de la discipline intérieure, des conditions d'admission et autres pour obtenir le
résultat désiré ;

Que le succès de cet établissement dépen-
dant surtout de la confiance et de l'intérêt
qu'il inspirera, il est essentiel que cette maison ne puisse jamais être considérée comme
une maison de réclusion, et que l'autorité
civile ou militaire ne puisse jamais forcer
l'administration à y recevoir des personnes
de mauvaise vie qu'on jugerait convenable
de séquestrer de la société ; que l'entrée
comme le séjour dans la maison serait donc
entièrement libre et volontaire, pour que cet
établissement conserve le caractère de charité
qui préside à sa création ;

Sa Grandeur déclarant ne pouvoir s'associer à aucune mesure qui s'écarterait de cette idée fondamentale, parce qu'elle est comme la condition mise par tous les souscripteurs à leur généreuse offrande ;

Sa Grandeur observant qu'elle craindrait de ne pouvoir accomplir convenablement cette œuvre, si elle n'était confiée à une administration particulière, composée de la manière ci-dessus énoncée, avec dispense de toutes les obligations et formalités prescrites par le billet royal du 24 décembre 1836 ;

Le Conseil général, après avoir pris connaissance des pièces ci-après, savoir :

I. — Le testament du 26 août 1663, par lequel noble René Duport, maître auditeur en la Chambre des Comptes de Savoie, donne et lègue aux pauvres honteux et aux filles repenties l'or et l'argent qui étaient dans le coffre porté dans la maison du seigneur de Challes, pour être appliqués et distribués selon son intention, laquelle est manifestée dans une procuration par lui passée à M. de La Peysse, dans laquelle il le charge de placer en rente la somme renfermée dans ledit coffre dont il lui remit la clef ; pour la rente annuelle être employée la moitié à l'entretien des pauvres malades, et l'autre à celui des filles débauchées *qui se réduiront à une meilleure vie et au bon emploi du temps* dans la maison qui leur sera assignée à cet effet : la somme contenue dans ledit coffre était de 4,000 ducatons, soit 2,800 florins, et elle a été placée en rente constituée entre les mains des Dames de la Visitation de Chambéry, par acte du 14 août 1663 ;

II. — L'acte du 18 mai 1664, par lequel Aynard Romanet, avocat au Sénat, a obtenu de l'administration de l'hospice de charité la faculté de faire construire, sur un terrain appartenant audit hospice, une maison pour servir de refuge aux filles et femmes de mauvaise vie ; cette maison, qui a été construite aux frais dudit sieur Romanet, a, en effet, servi d'asile pour les filles repenties jusqu'en 1793, sous la direction des Dames du Sac ou de l'Humilité, et elle a été attribuée en propriété à l'hôpital de la charité par arrêt du Sénat du 24 octobre 1823 ;

III. — Le testament du 11 novembre 1722, par lequel dame Thérèse Duchesne, veuve

Bertholus, a légué, pour l'entretien des filles
repenties, une maison située au faubourg
Montmélian, avec cour, jardin et dépendan-
ces : cette maison ayant été attribuée, depuis
la Restauration, à la Maison des orphelines,
le Sénat, par son dit arrêt du 24 octobre 1823,
article 16, a obligé cet hospice à tenir en
réserve les revenus dont il a joui jusqu'ici,
qui seraient destinés, conformément à l'intention des fondateurs des repenties, à l'entretien de quelques filles de mauvaise vie
dans le dépôt de mendicité à établir ;

IV. — Copie de la remontrance de M. l'avocat fiscal général, de laquelle il résulte que
le dépôt de mendicité s'est refusé à ouvrir un
asile particulier aux filles de mauvaise vie,
laquelle remontrance est suivie de l'ordonnance sénatoriale du 16 août 1831, par laquelle
le Sénat, ouï le rapport et faisant droit sur
ladite remontrance, ordonne que le capital
de 17,585 livres 75 centimes dont il a été fait
mention ci-dessus, qui provient : 1° du capital
des rentes que les orphelines devaient réserver pour l'œuvre des repenties ; 2° des censes,
arrérages ; 3° du produit d'une créance de

l'ancienne maison des repenties, liquidée à Turin, sera versé dans la caisse du receveur de l'administration du dépôt de mendicité établi en cette ville, pour ledit capital être placé à la diligence de ladite administration, et les rentes en provenant être capitalisées au fur et à mesure qu'elles pourront recevoir ces placements, jusqu'à ce qu'autrement soit ordonné ; 4° la délibération prise le 19 septembre 1831 par le Conseil d'administration du dépôt de mendicité, portant que les revenus du susdit capital ayant été capitalisés et employés en achat de cédules sur l'État, le montant total est actuellement productif d'un revenu de 1,324 livres 45 centimes, outre la somme de 618 livres 23 centimes restant en caisse, qui n'a pas encore été placée ;

Sur quoi le Conseil général :

Considérant que la création d'un asile pour les filles et femmes qui sont tombées dans le désordre n'est que le rétablissement de l'ancienne maison de ce genre qui existait à Chambéry avant la Révolution, et que le but de l'établissement, tel qu'il est proposé par S. G. Mgr l'Archevêque, est absolument le

même que les donateurs Duport et Romanet
se sont proposé dans les actes précités et
répond à toutes les conditions par eux im-
posées ;

Considérant que, par les motifs énoncés
par S. G. et pour éviter que les fonds obtenus par souscriptions volontaires ne puissent
être appliqués par la Congrégation des Sœurs
à des maisons du même ordre qui seraient
hors du diocèse, il est indispensable de créer
une administration pour le temporel de cette
œuvre ;

Considérant que la composition des membres de cette administration, telle qu'elle
est proposée par S. G., présente toutes les
garanties d'ordre, du bon emploi des fonds
et de régularité qu'on peut désirer dans un
semblable établissement, puisque cette administration sera présidée par S. G. elle-
même ;

Considérant que, si par l'article 1er de
l'édit du 24 décembre 1836, cette administration devrait être soumise aux règles générales qui y sont prescrites, il paraît être
le cas de faire usage, dans l'espèce, de la

réserve contenue dans l'article 35 du même édit ;

Considérant que l'œuvre que S. G. se propose de rétablir est éminemment utile dans cette ville ; que depuis longtemps le besoin s'en faisait sentir, et qu'il est de l'intérêt public que cet établissement soit ouvert le plus tôt possible,

Est d'avis, à l'unanimité, qu'il est le cas :

1° D'approuver l'établissement, à Chambéry, d'une maison pour servir de refuge volontaire aux filles et femmes de mauvaise vie qui témoignent le désir de se convertir, laquelle ne pourra jamais être considérée comme maison de réclusion, et qui ne pourra jamais être forcée de recevoir les personnes que les autorités croiraient convenable de séquestrer de la société ;

2° D'appliquer à ladite maison de refuge le revenu des cédules acquises avec les fonds déposés, en vertu de l'ordonnance sénatoriale du 16 août 1831, dans la caisse du dépôt de mendicité de cette ville, s'élevant à la somme annuelle de 1,324 livres 45 centimes, outre le capital de 618 livres 23 centimes provenant de rentes perçues et restant en caisse, sauf à elle à se retenir la somme nécessaire, chaque semestre, pour faire face aux frais d'assurance desdites cédules et de perception ;

3° De créer, pour cet établissement, une administration particulière, composée : de l'Archevêque, président, de ses vicaires généraux et des quatres curés de la ville de Chambéry ; laquelle choisira dans son sein un trésorier et un secrétaire qui rempliront ces fonctions gratuitement, et de dispenser cette administration de toutes les obligations et formalités prescrites par l'édit du 24 septembre 1836 ;

4° D'autoriser ladite administration à accepter tous legs et donations, et même à acquérir des biens-fonds, à titre onéreux, jusqu'à concurrence de 200,000 livres ;

5° D'autoriser cette même administration à faire des règlements pour l'administration intérieure de ladite maison de refuge.

*Édit du roi Charles-Albert approuvant l'ins-
titution de la Maison de refuge du Bon-
Pasteur.*

Alli magnif¹ fedeli ed amati nostri i Primo
Presidente, Presidenti, e Senatori nel
Senato di Savoja, Ciamberi.

IL RE DI SARDEGNA,
DI CIPRO ET DI GERUSALEMME.

Magnifici, fedeli ed amati nostri :

Congiungendo coll'ardente suo zelo per la
religione i sensi d'una carità illuminata, l'Arcivescovo di codesta vostra città maturò il
pensiero di fondare in essa un ritiro per le
donne, che pentite de' loro fatti desiderassero
da una vita disonesta ricondursi alla pratica
della virtù. Ed avendo per effetto delle sag-
gie sue persuasive trovato varie benefiche
persone, le quali concorrerebbero con esso
nel contribuire i fondi necessarii per dare
principio a cosi salutare divisamento, ebbe a
noi ricorso, supplicandoci di approvarlo, e
di permettere che venga applicata al proposto
pio istituto la rendita che nella separazione
da voi fatta d'ordine nostro dei beni dei sin-

goli istituti di carità della città stessa, fu riserbata siccome già spettante all' antico e caduto ritiro delle donne penitenti, e quindi conservata, ed accumulata in virtù di diversi giudicati vostri per essere impiegata in usi analoghi tostochè se ne presentasse la congiuntura.

Accogliendo noi col maggior favore un progetto dettato da considerazioni morali e religiosi del maggior rilievo, e del quale è sentito e grande il bisogno, abbiamo determinato di dare le disposizioni che possono meglio condurre ed assicurarne l'effettuazione senza lesione de' dritti de' terzi se alcuno mai ne sussistesse in ordine alla domandata applicazione, ed in modo consentaneo sia agli usi vigenti nella Savoja, sia alle nostre leggi generali sulle opere di carità.

Epperciò vi commetiamo l'incarico di conoscere sulla giustizia e convenienza della implorata applicazione di rendita, e di accertare se nulla osti all' effettuazione della medesima.

Del pari vi mandiamo di verificare se per la disposizione di siffata rendita, o per qualunque altra sovenzione possa essere sufficientemente dotato il progettato ritiro di rovvedute della cui fundazione si fa autore il prelodato Arcivescovo, nel qual caso vi diciamo essere mente nostra che provvediate, acciò cotale istituzione ottenga per vostro decreto la legale e piena sua esistenza, come se fosse direttamente da noi approvata, a mente dell'artº 34. del nostro Editto 24 X^{bre} 1836, al quale effetto ve ne deleghiamo l'autorità opportuna, con stabilire, od approvare per essa i regolamenti che riconoscerete conformi allo scopo della medesima, al giusto desiderio de' benefattori che concorreranno nell'assegnarle rendite o sovvenzioni, ed agli usi e pratiche di codesta parte di nostri Stati, ed alle basi delle nostre leggi sopra gli stabilamenti di carità e di beneficenza.

Conoscendo lo zelo di che siete animati pel nostro servizio, non dubitiamo che adempirete a queste speciali incumbenze con piena nostra soddifazione, e senza più preghiamo il signore che vi conservi.

Genova, li 24 novembre 1838.

Signé : C. ALBERTO.
Contre-signé : DI PRALORMO.

Pour copie conforme à l'original, déposée aux archives de l'ancien Sénat de Savoie (*Registre des Billets royaux*).

Le greffier en chef de la Cour d'appel,
CL. BLANCHARD.

*
* *

Règlement pour la Maison de refuge du Bon-Pasteur.

L'Archevêque de Chambéry, en vue d'offrir aux filles de mauvaise vie qui désirent changer de conduite, et à celles qui, sans être encore tombées en faute, sont exposées à l'occasion prochaine de la séduction, des moyens sûrs et faciles de se soustraire aux dangers qu'elles courent, et de se préparer un meilleur avenir par la pratique de la vertu et l'amour du travail, établit en leur faveur une maison de refuge, sous le titre du *Bon-Pasteur*, dans sa ville métropolitaine.

Cette maison est placée sous la protection immédiate de Sa Majesté, avec la jouissance de tous les avantages communs aux autres établissements de charité et de bienfaisance de la ville de Chambéry.

Elle sera régie et administrée conformément aux lois et règles en vigueur dans le duché de Savoie et d'après les règlements.

ARTICLE 1er.

L'administration de la maison du refuge, sous le titre du Bon-Pasteur, est confiée à un Conseil composé des vicaires généraux du diocèse et des quatre curés ou recteurs de la ville de Chambéry.

Ce Conseil est présidé par le plus ancien des vicaires généraux; il choisit un de ses membres pour remplir gratuitement les fonctions de secrétaire.

Le procureur général de l'administration du Séminaire fera gratuitement les fonctions de trésorier.

ART. 2.

Le Conseil administrera les fonds de l'établissement, de quelque nature qu'ils soient, et notamment :

1° La rente annuelle de 1, 324 livres 45 centimes formée par le capital de 17,585 livres 78 centimes, qui, par ordonnance sénatoriale du 16 août 1831, fut confiée à l'administration du dépôt de mendicité, et par les revenus en provenant, successivement capitalisés dès le 19 septembre 1831 jusqu'au 1er janvier 1838 ;

2° Le produit des souscriptions ouvertes par l'Archevêque ;

3° Les dons et legs qui pourront être faits par la suite à ladite maison ;

4° Le produit du travail qui se fera dans la maison ;

5° Celui enfin des aumônes faites en faveur de l'établissement.

ART. 3.

La direction intérieure de la maison de refuge sera confiée aux religieuses de la Congrégation de Notre-Dame de Charité du Bon-Pasteur, ou à celles de Saint-Joseph, ou à celles de Saint-Vincent-de-Paul, selon le choix de l'Archevêque.

ART. 4.

Le service intérieur de la maison et les attributions respectives du Conseil d'administration et des religieuses seront fixés par un règlement particulier qui sera dressé par le Conseil, après avoir ouï lesdites religieuses. Ce règlement devra être soumis à l'approbation de l'Archevêque et à l'homologation du Sénat.

ART. 5.

La communauté religieuse aura la libre jouissance des dots des religieuses, ainsi que de la somme annuelle qui sera payée pour l'entretien de chacune d'elles.

ART. 6.

L'admission des filles de mauvaise vie dans la maison sera toujours volontaire de leur part et ne sera prononcée par le Conseil que sur leur demande. En conséquence, l'établissement du refuge ne pourra être considéré comme une maison de *correction,* et il ne sera pas facultatif aux autorités civiles ou militaires d'y faire renfermer par force les filles débauchées.

ART. 7.

Ne pourront être admises les filles enceintes, ni celles qui seraient infectées de quelque maladie contagieuse.

Art. 8.

Les filles ou femmes qui seront admises payeront, selon leurs moyens, une pension qui sera convenue avec l'administration, et celles qui seront indigentes, reçues gratuitement.

Art. 9.

A l'entrée de chacune des personnes admises, il sera fait un inventaire du trousseau qu'elles apporteront, pour leur être restitué en entier, le cas de sortie échéant.

Art. 10.

Lesdites personnes seront appliquées à divers travaux, dont le produit sera pour les deux tiers au profit de la maison, et pour l'autre tiers mis en réserve pour elles en cas de sortie.

Art. 11.

Les personnes admises devront se conformer aux règlements de la maison, faute de quoi elles seront soumises à des peines disciplinaires qui ne pourront excéder la ségrégation au pain et à l'eau, qui pourra être prononcée par la supérieure pour quinze

jours au plus, et, s'il s'agissait d'un temps
plus long, par le Conseil seulement.

ART. 12.

Les personnes admises qui déclareraient
ne plus vouloir rester dans la maison, en
seront renvoyées, ainsi que celles qui auraient
résisté longtemps aux moyens employés
pour les amener à une meilleure vie.

ART. 13.

Les filles qui ne sont pas encore tombées
en faute seront séparées des filles repenties
et seront soumises à un régime particulier.

Fait à Chambéry, le dix décembre mil huit
cent trente-huit.

Signé : † ANTOINE,
archevêque de Chambéry.

Vu : (Signé) DE BUTTET DE TRESSERVE.

*
* *

*État des ressources de l'œuvre du Bon-
Pasteur au 9 décembre 1838.*

CHAPITRE 1er.

1° Dons en argent faits par diverses per-

sonnes, en dehors des souscrip-
tions 5,829   »
 2° Montant des sommes payées
une fois pour toutes pour tenir lieu
de souscription 470   »
 3° Montant de la somme provenant
des souscriptions déjà payées...... 1,992 50

Total reçu......... 8,291 50

Chapitre 2.

 1° Montant actuel des souscriptions reçues et qui sont ou perçues
ou à percevoir chaque année, pendant six ans , trois mille quatre
livres.............................. 3,004   »
 On a l'espoir fondé d'augmenter
le montant annuel des souscriptions.

Chapitre 3.

 1° Deux billets montant ensemble
à huit mille livres en capital, et qui
porteront intérêt dès le jour de l'ouverture de la maison............... 8,000   »
 2° Une créance cédée au capital de
six cents livres 600   »

CHAPITRE 4.

Il a déjà été dépensé pour mobilier et provisions...................... 1,057 20

Ainsi la recette réelle étant de. 8,291 50
La dépense à ce jour de....... 1,057 20

Il reste en caisse.. 7,234 30

Chambéry, le 10 décembre 1838.

Signé : † ANTOINE,
archevêque de Chambéry.

***

Requête pour l'enregistrement du règlement précédent.

A Nos Seigneurs,

Supplie humblement l'Archevêque de Chambéry et a l'honneur d'exposer que Sa Majesté a daigné, par son billet royal du vingt-quatre novembre dernier, vous charger de reconnaître si rien n'obste à ce que la somme séparée, d'après vos décrets, des avoirs des Orphelines et mise en réserve pour les repenties, soit appliquée à l'institution de la maison de refuge que l'exposant se propose d'établir ; comme encore de vérifier si, au moyen du revenu en provenant réuni aux autres ressources, la dotation de cet établissement peut suffire ;

Que venant à vous conster, en vertu de l'autorité royale portée par l'article trente-quatre des Lettres patentes du vingt-quatre décembre mil huit cent trente-six, Sa Majesté vous délègue pour approuver ladite institution et les règlements y relatifs ;

Que, pour satisfaire à ces conditions, le suppliant appuie sa demande sur les motifs qu'il a exposés amplement dans la délibération du Conseil général de charité du trente septembre proche passé, dont copie est ci-jointe ; il présente la note des ressources actuelles pour ladite dotation et le règlement pour l'administration de l'œuvre dont il s'agit ;

Il conclut, en conséquence, à ce qu'il vous plaise, Nos Seigneurs, *joignant les pièces*, en exécution du billet royal précité :

1° Approuver l'établissement à Chambéry d'une maison servant aux filles et femmes de mauvaise vie qui témoigneraient le désir

de se convertir, ainsi qu'aux filles qui seraient en péril imminent de prévariquer,
laquelle maison ne puisse jamais être considérée comme maison de correction, ni obligée de
recevoir des personnes que les autorités
croiraient convenable de séquestrer de la
société ;

2° Appliquer à ladite maison de refuge la
rente des cédules acquises avec les fonds
déposés, en vertu de l'ordonnance sénatoriale
du seize août mil huit cent trente-un, dans
la caisse du dépôt de mendicité de cette ville,
s'élevant à la somme annuelle de treize cent
vingt-quatre livres quarante centimes, outre
le capital de six cent dix-huit livres vingt-
trois centimes, provenant des rentes perçues
et restant en caisse ;

3° Ordonner que la Commission adminis-
trative du dépôt de mendicité versera, entre
les mains du trésorier de la maison de refuge, ladite somme de six cent dix-huit
livres vingt-trois centimes, et lui remettra les
cédules moyennant récépissé ;

4° Approuver le règlement ci-dessus contenant, entre autres dispositions, celles d'un

Conseil d'administration spécial pour l'œuvre du refuge, composé des vicaires généraux et des quatre curés ou recteurs de cette ville, présidé par le plus ancien des grands-vicaires, avec un secrétaire choisi parmi ses membres, et un trésorier en faisant les fonctions gratuitement en la personne du trésorier de l'administration du Séminaire diocésain ;

5° Enfin, approuver tous les autres articles contenus dans ledit règlement, sur tout quoi plaise pourvoir.

Signé : CORNIER, *procureur.*

** **

*Décret du Premier Président du Sénat
à l'Avocat fiscal.*

Soit montré à l'Avocat fiscal général.

Fait à Chambéry, au Sénat, le dix décembre mil huit cent trente-huit.

Signé : PETTITI, *premier président.*

DE BUTTET DE TRESSERVE,
de l'avis du Sénat.

Conclusions de l'Avocat fiscal.

Vu la requête et le décret qui précèdent et spécialement le billet royal adressé au Sénat le vingt-quatre novembre dernier, l'état des ressources destinées à l'établissement et à l'entretien de la maison de refuge dont il s'agit, et le projet de règlement pour cette œuvre pie (ces deux dernières signées par le révérendissime Archevêque de Chambéry, et portant la date du dix décembre courant).

Nous ne voyons aucun obstacle à l'établissement en cette ville de ladite maison de refuge et à ce qu'on applique à son entretien la rente de treize cent vingt-quatre livres quarante-cinq centimes provenant des cédules sur la dette publique de l'État, acquises au moyen du capital déposé dans la caisse de l'hospice de mendicité de cette ville, en vertu de l'ordonnance sénatoriale du seize avril mil huit cent trente-un. Cette rente, jointe aux dons volontaires et autres ressources détaillées dans l'état ci-dessus énoncé, nous paraît suffire pour l'établissement et l'entretien de cette œuvre pie. Il est bien entendu néanmoins que, si elle venait à cesser, les cédules de ladite rente devraient être rétablies dans la caisse où elles étaient déposées, et quoique le concours de quelques administrateurs laïcs avec ceux désignés dans l'article premier du règlement proposé, nous eût semblé coopérer utilement au succès de l'œuvre, cependant, ce règlement ne nous paraît rien contenir qui soit contraire aux lois et au vœu du billet royal précité.

Par ces motifs, nous n'empêchons qu'en approuvant l'établissement en cette ville de la maison de refuge dont il s'agit, le Sénat homologue le règlement proposé pour qu'il sorte son plein et entier effet, suivant sa forme et teneur, à condition que cette œuvre pie se conformera, en ce qui la concerne, aux lois générales du royaume et notamment à l'édit du vingt-quatre décembre mil huit cent trente-six et aux instructions du quatre avril mil huit cent trente-sept, ainsi qu'aux règlements et usages particuliers en vigueur dans ce duché ; et qu'en autorisant l'application à l'entretien de cette œuvre pie de ladite rente de treize cent vingt-quatre livres quarante-cinq centimes, il ordonne que les cé-

dules de cette rente et la somme provenant
du dernier semestre, déposées dans la caisse
de l'hospice de mendicité de cette ville, seront
remises au trésorier de la maison de refuge,
sous la réserve que, dans le cas où cette
œuvre pie cesserait d'exister en cette ville,
les cédules de ladite rente seront rétablies
dans la caisse de l'hospice de mendicité,
pour recevoir telle application qui serait
ordonnée par le Sénat.

Nous estimons enfin qu'il est le cas d'ordonner que la requête et le décret qui précèdent, les présentes conclusions, le décret à
intervenir et l'état ainsi que le règlement cidessus énoncés, seront portés aux registres
de céans.

Chambéry, dix-sept décembre mil huit
cent trente-huit.

Signé : Sp^{ble} JACQUEMOUD, *substitut,*
avocat fiscal général.

*
* *

Ordonnance du Sénat.

Le Sénat, ouï le rapport, vu le billet royal
du vingt-quatre novembre dernier, vu les

conclusions de l'avocat fiscal général du dix-
sept décembre courant, approuve l'établissement fait en cette ville de la maison de
refuge mentionnée dans la requête du révérendissime Archevêque de Chambéry, a ho-
mologué et homologue le règlement par lui
proposé, afin qu'il soit observé suivant sa
forme et teneur, à la charge par l'œuvre pie
de se conformer, en ce qui la concerne, aux
lois générales du royaume, à l'édit du vingt-
quatre décembre mil huit cent trente-six,
aux instructions approuvées par billet royal
du quatre avril mil huit cent trente-sept,
enfin aux règlements et usages particuliers
de ce duché.

Ordonne que la rente de treize cent vingt-
quatre livres quarante-cinq centimes provenant des cédules sur la dette publique de
l'État, sera appliquée à l'entretien de ladite
œuvre pie, et que ces cédules et le montant
du dernier semestre, le tout déposé dans la
caisse de l'hospice de mendicité de cette
ville, seront remis au trésorier de la maison
de refuge, sous la réserve que, dans le cas
où l'œuvre pie cesserait d'exister en cette

ville, les cédules de ladite rente seront rétablies dans la caisse dudit hospice , pour recevoir telle application ordonnée par le Sénat.

Ordonne enfin que la requête, le décret et les conclusions qui précèdent, le billet royal et le règlement cités, l'état des avoirs de l'œuvre pie présenté par le révérendissime Archevêque et la présente ordonnance seront portés aux registres de céans et déposés en original dans ses archives.

Fait à Chambéry, au Sénat, le 18 decembre 1838.

Signé par S. Ex. le chevalier PETTITI,
premier président.

DE BUTTET DE TRESSERVE,
de l'avis du Sénat.

———

Enregistré le vingt-deux décembre mil huit cent trente-huit, volume 97, case 1002, folio 101, reçu douze livres.

Pour M. CORNIER : Signé, CHABERT.

Pour extrait, délivré le vingt décembre mil huit cent trente-huit :
VEUILLET, *substitut.*

CHAPITRE VI

CONGRÉGATION DE NOTRE-DAME DE CHARITÉ DU BON-PASTEUR

Arrivé à ce moment où les religieuses du Bon-Pasteur vont être appelées à diriger le refuge de Chambéry, je crois devoir raconter, en peu de mots, les origines et les merveilleux développements de cette institution. J'emprunte ce récit à un document émané de la Congrégation même du Bon-Pasteur.

*
* *

Notre vénérable instituteur, Jean Eudes, naquit au village de Mézeray, en Normandie, le 14 novembre 1601. Il fit son éducation chez

les RR. PP. Jésuites, devint Oratorien, puis
fondateur des Prêtres de Jésus et Marie et
de l'Ordre de Notre-Dame de Charité, dont
le but est de travailler au salut des âmes. La
première Maison prit naissance à Caen, en
Normandie, et reçut une approbation épisco-
pale en 1651.

Mgr d'Angennes, évêque de Bayeux, pria
l'Ordre de la Visitation de seconder les vues
du pieux fondateur en aidant à former la
nouvelle Communauté. La Mère Françoise-
Marguerite Patin fut désignée pour cette
mission, qu'elle remplit avec zèle et sagesse
pendant plusieurs années ; aussi l'Institut
conserva-t-il à ce saint Ordre une vive reconnaissance.

Le vénérable Père Eudes adopta, pour ses
filles, la Règle de saint Augustin et les Constitutions des religieuses de la Visitation, sauf
quelques changements nécessaires pour les
mettre en harmonie avec le quatrième vœu
que font les religieuses de Notre-Dame de
Charité, de travailler au salut des âmes
pécheresses.

Pour leur rappeler sans cesse dans quelle

innocence elles doivent vivre, il voulut que
leurs vêtements fussent blancs, comme ceux
que prennent les anges quand ils paraissent
aux yeux des hommes. (*Duos angelos in albis
sedentes,* Joan., xx, 12. — *In vestibus albis,*
Act., 12.)

Un cœur d'argent, qu'elles doivent porter
nuit et jour sur leur poitrine, et où se trouve
ciselée l'image de la Sainte Vierge avec
l'Enfant Jésus, ayant pour support une bran-
che chargée de roses d'un côté et de l'autre
un lys, indique qu'elles se regardent comme
filles du très saint Cœur de Marie ; et une
petite croix bleue cachée sous leurs vêtements, au-dessus du cœur, les avertit sans
cesse de la nécessité où elles sont d'aimer la
croix et de se rendre semblables à Jésus
crucifié.

En 1666, l'Ordre fut approuvé et confirmé
par un décret de Sa Sainteté Alexandre VII,
et, en 1741, par celui de Benoît XIV.

Au moment où éclata, en France, la Révolution de 1792, l'Ordre comptait environ douze
maisons. Comme toutes les autres, les religieuses de Notre-Dame de Charité furent

chassées de leurs monastères, dispersées, emprisonnées ou exilées. Après ce terrible orage, le monastère de Tours fut un des premiers à se relever. Il ne comptait qu'un petit nombre de religieuses, vieillies encore plus par les malheurs que par l'âge, lorsque le 20 octobre 1814, jour auquel la Congrégation solennisait la fête du Sacré-Cœur de Jésus, vient frapper à la porte, sur les six heures du soir, la jeune Rose-Virginie Pelletier, qui, ne pouvant contenir l'ardeur dont elle est consumée pour le salut des âmes, s'échappe furtivement du pensionnat de Mme de Lignac, arrive au couvent et demande l'entrée de cet asile béni. La Mère Marie de Saint-Joseph Leroux, qui était alors supérieure, émue et touchée de la demande de cette enfant, reconnaît, dans une vocation si prononcée, la volonté de Dieu, et la reçoit à l'instant comme postulante.

Rose-Virginie était née le 31 juillet 1796, dans la riante île de Noirmoutiers. Bien jeune encore, elle avait perdu ses parents : Julien Pelletier, son père, médecin distingué surtout par sa grande charité et ses vertus, et sa pieuse mère, Anne Mourin ; tous deux lui léguèrent cette tendre charité qui la fit aimer de Dieu et des hommes.

M. Marceau, son tuteur, n'approuva pas son entrée au monastère de Notre-Dame de Charité. N'ayant point encore atteint sa majorité, il fut décidé que son postulat se prolongerait. Cette épreuve la trouva ferme dans sa vocation, et après onze mois d'attente, elle fut admise à la prise d'habit le 8 septembre 1815, sous le nom de Marie de Sainte-Euphrasie, et fit profession le 9 septembre 1817.

Il est à remarquer que le jour où elle prononça ses vœux, une des religieuses de la Communauté lui serra fortement la main en lui disant : « Oh ! ma Sœur, vous serez un « jour obligée de changer la formule de vos « vœux. » Paroles prophétiques qui s'accomplirent à l'érection du Généralat.

Nommée maîtresse des pénitentes, Sœur Marie de Sainte-Euphrasie se donna tout entière au soin de ce petit troupeau ; mais le martyr de son âme était de ne pouvoir lui donner de l'extension : « Oh ! disait-elle « un jour, si nous avions soixante péniten-

« tes ! » Imagination de jeunesse, répondaient
ces bonnes Mères !... Et la jeune maîtresse
se taisait, conservant dans son cœur la pieuse
ambition de faire des œuvres à la gloire de
Dieu.

Cependant la Mère Marie de Sainte-Hippo-
lyte de Botternilieau venait de finir son
second triennat. On procéda à une élection ;
les bonnes Mères anciennes, qui appréciaient
les rares qualités de leur excellente maîtresse
des pénitentes, l'élurent à l'unanimité pour
supérieure. Sa jeunesse n'était pas un obstacle à leurs yeux, mais il leur fallut une
dispense de Rome ; elle fut obtenue. C'est
dans le courant de mai 1825 que leurs vœux
furent couronnés.

Élue supérieure, la Mère Marie de Sainte-
Euphrasie se hâta d'admettre beaucoup plus
de novices, s'appliqua à augmenter le nombre
de ses chères pénitentes, commença la Communauté des Madeleines à laquelle elle pen-
sait depuis longtemps, et elle se consumait
encore du désir de faire de plus grandes
œuvres pour le salut des âmes.

Elle était dans la seconde année de son

second triennat, lorsque Mgr Montault dé-
puta vers elle quelques-uns des curés de sa
bonne ville d'Angers pour lui demander de
venir y fonder un refuge de pénitentes. La
Mère Marie de Sainte-Euphrasie accepta cette
proposition avec un bonheur inexprimable.
Son zèle se trouvait à l'étroit dans la Maison
de Tours, il avait besoin de se dilater.

Mme Innocente-Jeanne-Baptiste de Lentivi,
veuve de messire le Roy de la Poterie de
Neuville, était décédée le 6 novembre 1827.
Elle avait légué une somme de 30,000 francs
pour fonder une Maison de pénitentes à
Angers. M. le comte Augustin de Neuville,
son fils unique, digne héritier de ses vertus,
avait déposé cette somme entre les mains de
Mgr Charles Montault, et fait connaître à Sa
Grandeur qu'il était disposé à faire de plus
grands sacrifices, s'il était nécessaire.

Nous n'avons pas à raconter en détail comment la Mère Marie de Sainte-Euphrasie alla
d'abord installer à Angers la nouvelle Commu-

nauté, comment elle fut obligée, par les devoirs
de sa charge, de revenir à regret à sa résidence
de Tours.

Les deux triennaux de cette digne Mère
allaient pourtant se terminer au monastère
de Tours. A la fête de l'Ascension, on procéda
à l'élection d'une nouvelle supérieure ; généralement on regrettait de ne pouvoir conserver
celle qui venait d'être déposée et qui avait
rendu la maison si florissante, mais le Seigneur la destinait à conduire une famille plus
nombreuse qui devait se répandre sur toute
la surface de la terre. La Communauté de
Tours élut donc pour supérieure la Mère
Marie de Saint-Paul Baudin, et par un trait
providentiel qu'elle ne put s'expliquer, elle
nomma la Mère Marie de Sainte-Euphrasie
Pelletier pour le gouvernement de la maison
d'Angers. Mgr l'Archevêque de Tours chargea
M. Fustier, son grand vicaire, de faire l'obédience. Ce pieux ecclésiastique, qui eut alors
une inspiration du Ciel, ne put s'empêcher de
dire qu'un grand nombre de sujets accourraient à Angers, et que cette maison deviendrait la plus considérable de tout l'Institut...

Passons encore sur quelques détails, et arrivons à Angers avec la nouvelle supérieure.

Aussitôt après ce retour, tant désiré, cette maison reprit vie, mais sur le Calvaire, aux pieds de Jésus, car les croix de tout genre ne manquaient pas. Mais Dieu, qui est si bon pour soutenir le courage de ses filles bien-aimées, plaçait toujours une grâce près d'une épreuve.

La classe des pénitentes devint plus nombreuse et le noviciat plus florissant. L'Ordre prit bientôt un grand développement. Trois fondations furent faites sur la demande de Nos Seigneurs les évêques de Grenoble, de Poitiers et de Metz.

L'expérience de près de deux siècles ayant prouvé que l'Ordre de Notre-Dame de Charité ne répondait pas aux besoins de nos sociétés actuelles, fit désirer à notre Mère la création d'un Généralat ; afin qu'unies toutes ensemble nous puissions travailler avec plus d'ardeur et de succès à étendre la gloire de Dieu. Mgr Montault vit dans l'ouverture que lui en fit notre Mère comme une lumière du Ciel. Sa Grandeur se chargea de faire toutes les démarches nécessaires et de porter cette demande au trône pontifical. Nos Seigneurs les prélats de Poitiers, de Grenoble et Metz ; M. le comte de Neuville, Mme la comtesse d'Andigné, Mme de La Roche et les autres amis de l'œuvre unirent leurs suppliques à celle du vénérable évêque d'Angers.

La Cour romaine accueillit favorablement cette demande. Mgr Montault reçut de Sa Sainteté Grégoire XVI un décret, en date du 3 avril 1835, qui érigeait la Maison d'Angers en monastère général et déclarait la Mère Marie de Sainte-Euphrasie Pelletier, première supérieure générale de la Congrégation.

Les règles et constitutions choisies par le vénérable Père Eudes restaient les mêmes. Seulement le nom de l'Ordre devait recevoir une modification. Le décret porte que le nom de Bon-Pasteur sera ajouté à celui de Notre-Dame de Charité ; que sur le cœur d'argent, d'un côté la figure du Bon-Pasteur sera mise en relief, et de l'autre celle de la Très Sainte Vierge, tenant dans ses bras l'Enfant Jésus ; qu'elles porteront un cordon bleu, que les religieuses pourront avoir des orgues et chanter en musique, etc.

Sa Sainteté nommait en même temps pour protecteur de l'Ordre, Son Eminence le cardinal Odeschalchi, mort depuis jésuite. Il fut alors remplacé par le cardinal Della Porta, et celui-ci par Son Eminence le cardinal Patrizzi, mort depuis peu d'années et remplacé par le cardinal Monaco la Valette, que nous avons l'inappréciable bonheur de posséder maintenant. Avec la bénédiction du Saint-Siège, l'Ordre s'est répandu dans les cinq parties du monde.

La Maison d'Angers, si humble, si petite dans ses commencements, a donné naissance à 170 monastères, contenant un grand nombre de religieuses et plus de 20,000 jeunes filles pénitentes, préservées, etc.

Mais n'anticipons pas sur l'avenir et revenons à notre modeste installation de Nezin et au récit de Mlle Guittaud :

« M. le vicaire général Revel a écrit à la supérieure d'Angers, la priant d'envoyer cinq religieuses du Bon-Pasteur... M. le chanoine

Dolin est allé les prendre à Grenoble et les a amenées, en arrivant, à l'évêché. Mgr Martinet m'a aussitôt fait demander pour les conduire dans la maison de Nezin. Mais M. Revel a voulu que je les accompagne auparavant dans plusieurs maisons dont il m'a donné la note. C'était le 12 janvier 1839. Il était nuit quand ces visites ont été faites. Je les ai conduites dans la maison de Nezin. J'avais commandé le souper à l'hôtel Chiron, on nous l'a apporté à sept heures. On avait froid,... nous nous sommes bien chauffées et j'ai chauffé les lits des religieuses. Je suis restée jusqu'à minuit à décorer la chapelle.

« Le lendemain matin, M. le grand vicaire Revel est venu ; il a béni la chapelle et les ornements. Après, il a dit la sainte messe ; nous avons eu le bonheur de faire la sainte Communion. Après l'action de grâces, j'ai été chez moi ; j'ai dit à toutes mes filles le bonheur que j'avais éprouvé. Nous avons dit le *Te Deum* en actions de grâces. Les religieuses sont restées plusieurs jours pour faire faire les parloirs et autres réparations nécessaires. Quand tout a été fait, j'ai mené quinze filles aux religieuses, avec une fille pour être tourière. Il était quatre heures et demie du matin. A six heures, nous avons entendu la sainte messe. J'ai eu le bonheur de recevoir mon divin Sauveur dans la sainte Communion en actions de grâces ! »

Peu de mois après, M. le vicaire général Revel découvrit deux petites maisons à acheter avec un enclos bien isolé sur la colline de Lémenc. C'est la maison de Hautebise, au sommet de la montée des Carmélites. Par deux actes des 8 et 10 novembre 1839, chez M⁰ Cot, notaire, l'administration du Bon-Pasteur acheta d'abord la maison de Mᵐᵉ de Manessy, avec le jardin, pour la somme de 16,500 francs ; et, ensuite, celle de Mᵐᵉ Trunel, née Béné, située dans le même enclos, pour le prix de 12,100 francs. Ces deux acquisitions, d'un prix total de 28,600 francs, étaient une charge bien lourde pour une institution naissante et sans ressources.

CHAPITRE VII

LES SŒURS DE CHARITÉ AUX PRISONS

« En même temps, je m'occupais d'un autre
projet : j'avais la pensée de mettre des Sœurs
dans les prisons. Je voyais que ma santé
était trop faible et ne me permettrait pas de
continuer mes soins aux prisonniers. Je son-
geais à préparer un règlement qui pût être
présenté au roi Charles-Albert. Pour cela, je
suis allée voir M. le sénateur Anselme, je lui
ai fait part de mon projet, le priant de m'aider
de ses conseils. Il m'a promis de m'aider
de tout son pouvoir, et d'abord, il m'a demandé de lui énumérer tous les abus que
j'observais dans les prisons. Il se proposait
d'en rédiger un exposé qu'il ferait signer par

l'archevêque, le premier président, l'avocat général et le présenterait ensuite au roi.

« Il a rédigé ce mémoire avec un règlement pour les prisons, il a été signé par Mgr l'archevêque et le premier président, mais l'avocat général a refusé sa signature. M. le sénateur Anselme craignait d'échouer par suite du refus de M. l'avocat général. Je lui ai dit : « Portez-lui vous-même le règlement, « il le signera, et vous l'enverrez au ministre « qui le présentera à Sa Majesté. Il n'y a pas « de temps à perdre si je veux voir les Sœurs « aux prisons, parce que ma santé est bien « affaiblie. Je ne peux pas continuer d'aller « aux prisons; mais si le roi consentait, une « semaine me suffirait pour tout préparer. « M. le curé de Saint-Jeoire est mort, lais- « sant un mobilier complet que ses héritiers « vont faire vendre. J'irai à Saint - Jeoire, « et j'achèterai tout ce qu'il faut pour les « Sœurs. » Il m'a répondu : « Eh! bien, j'irai « le voir à dix heures, et, en sortant de chez « lui, j'irai vous voir. »

« Mais M. l'avocat général avait persisté dans son refus, je proposai alors d'envoyer directement le rapport et le projet de règlement au ministre.

« A peine M. Anselme était-il rentré chez lui, que le concierge de l'avocat général est venu lui demander le règlement. Une demi-heure après, il lui rapportait approuvé et signé. Aussitôt, il l'a expédié à Turin. Sa Majesté Charles-Albert lui a fait répondre par son ministre qu'il désirait voir des Sœurs aux prisons, qu'il les protégerait.

« Je suis allée prendre les Sœurs à l'hospice de la Charité, je les ai accompagnées chez M. le premier président Pettiti, qui leur a fait signer le règlement pour leur service des prisons. En attendant que leur appartement fût prêt, elles sont restées à la Charité. J'ai fait apporter tout le mobilier aux prisons. M{sup}gr{/sup} Martinet m'avait donné pour cette œuvre 500 fr. M. le sénateur Anselme a acquitté le surplus de la note.

« Dix jours après, j'ai eu le plaisir d'installer les Sœurs dans leur appartement des prisons. J'ai continué d'y aller pendant quelques temps encore pour les mettre bien au courant. Hélas ! je ne parle pas de ce que j'ai eu à souffrir de la part des personnes qui avaient intérêt à ne pas voir introduire des Sœurs dans les prisons ! »

*
* *

« Après toutes les fatigues que j'avais eues à supporter, je désirais une vie de retraite ; je voulais entrer aux Carmélites. J'ai vendu ma maison et mes vignes d'Arbin pour avoir plus de tranquillité.

« Un jour, M. le grand vicaire Revel me dit : « Mademoiselle, qu'allez-vous faire mainte-« nant que vos deux œuvres sont faites ? » — « Je me reposerai, » lui ai-je répondu. Il m'a dit votre repos sera dans le Ciel ; il faut maintenant soutenir vos œuvres.

« Le lendemain, je suis allée à Arbin avec un géomètre pour mesurer des pièces de terre. Après qu'il eut achevé son travail, je l'ai accompagné à sa voiture. En ce moment, j'ai vu arriver la diligence d'Albertville, au grand trot sur une descente : derrière elle, à peu de distance, suivait une seconde diligence. Mais une petite sourde-muette, qui ne la voyait pas, traversait en ce moment le milieu

de la rue et allait être écrasée. Je me suis
élancée à son secours, je l'ai prise par le bras
et jetée sur un tas de paille près d'une maison.

« Pendant ce temps, la seconde diligence
est arrivée contre moi ! Le timon m'a frappée
à la joue, j'ai eu huit dents cassées et je suis
tombée au milieu des chevaux. Le conducteur criait : « Au secours ! je suis perdu ! »
Il a tiré les rênes pour arrêter les chevaux,...
l'un d'eux avait son sabot sur mon pied qui a
été aplati comme une planche ; une roue me
touchait la joue ! J'ai vu que j'allais être
écrasée,... je me suis évanouie et suis restée
plus de deux heures sans connaissance. De
tous côtés, on est accouru à mon secours ;
on m'a fait avaler un peu d'eau-de-vie...
Voyant que j'ouvrais les yeux, on m'a transportée dans une boutique, puis jusque chez
moi. J'avais la figure en sang et fort enflée ;
le pied écrasé, noir jusqu'au genou... Le
curé est venu pour me donner l'Extrême-
Onction, on croyait que j'allais mourir. Au
même moment, le syndic de Montmélian est
venu me dire qu'il allait porter plainte contre

le conducteur de la diligence ; mais je m'y
suis opposée.

« M. le curé a écrit ce qui m'était arrivé à
M. le grand vicaire Revel ; ce dernier m'a
envoyé aussitôt son frère le médecin, qui n'a
prescrit aucun remède, croyant que j'allais
mourir. Il a ordonné de me faire boire tout
ce que je voudrais. Il a rapporté à son frère
que, sur mille, pas un n'échapperait à un
coup pareil.

« Des personnes pieuses d'Arbin m'ont
vouée à la Sainte Vierge de Myans pour
obtenir ma guérison. Cette bonne Mère l'a
obtenue de son divin Fils. En trois semaines,
j'ai été complètement rétablie. M. le grand
vicaire Revel est alors venu me prendre en
voiture pour me conduire à Myans. Il a dit la
messe : j'ai eu le bonheur de recevoir Notre
Seigneur dans la Sainte Communion. Après
mon action de grâces, je suis revenue à Chambéry. Mon premier soin a été de broder pour
la statue de la Sainte Vierge une robe de
moire blanche, brodée avec douze étoiles en
or fin. J'ai eu le bonheur de lui mettre moi-
même cette robe et de poser une couronne de

roses blanches autour du vitrage de la niche où est la Sainte Vierge.

« M. le grand vicaire était mon directeur depuis vingt-deux ans. Il m'a dit : « Voilà, « mon enfant, qui prouve que Dieu vous « veut dans le monde pour travailler pour sa « gloire ! » Malgré le grand désir que j'avais d'entrer au couvent, j'ai renoncé à ma volonté. »

*
* *

Nous sommes arrivé à l'année 1839 : la Maison du Bon-Pasteur était fondée à Nezin ; mais elle manquait de tout. Il fallut aller quêter pour la faire vivre au jour le jour. Qui pouvait se dévouer à cette œuvre pénible mieux que Mlle Guittaud qui avait surmonté tant d'obstacles, qui connaissait les souffrances des pauvres recluses et les services que cet établissement devait rendre à la société ? Aussi Mgr Martinet et M. le chanoine Revel ont-ils exigé qu'elle commençât une vie nouvelle à parcourir la Savoie, la France, la Suisse, l'Italie, pour y recueillir des aumônes.

C'est une seconde phase de sa vie et ce n'est pas la moins intéressante :

« J'ai continué, dit-elle, mes courses pour procurer des ressources à la Maison du Bon-Pasteur. Une souscription a été ouverte par ordre de Mgr Martinet en faveur de l'établissement, en janvier 1839. J'ai été autorisée à recueillir les souscriptions et les dons que je remettrais à M. le supérieur de la Maison ; il m'en faisait un reçu au bas du livret qui portait cette autorisation. »

Voici en quels termes était conçue cette autorisation, que nous retrouvons dans les papiers de Mlle Guittaud :

Souscription ouverte en faveur de l'œuvre du Bon-Pasteur de Chambéry.

Cette souscription a été ouverte par ordre de feu Mgr Martinet, archevêque de Chambéry, dans le but de procurer un asile aux personnes de mauvaise vie qui désirent changer de conduite.

L'établissement a déjà commencé en janvier 1839 ; il n'a d'autres ressources pour subsister que le produit des aumônes.

La souscription proposée est pour six ans, payable par semestres ou par annuités.

Il n'est pas d'aumône plus méritoire et plus précieuse aux yeux de la religion et de la société que celle proposée : retirer des malheureuses du bourbier du vice pour les rendre à des habitudes de vertu, les instruire et leur inspirer l'amour du travail, qui sera pour elles, dans la suite, un moyen d'existence, voilà une œuvre qui doit intéresser tout cœur chrétien et bienfaisant.

Mˡˡᵉ Laurence Guittaud est par nous autorisée à recueillir les souscriptions sur le présent livret.

Chambéry, 29 juillet 1839.

Signé : REVEL,
vicaire général.

Avec le sceau du Chapitre métropolitain en bas.

*
* *

Reprenons le récit de Mˡˡᵉ Guittaud :

« Mᵍʳ Martinet, qui protégeait beaucoup cette œuvre, est allé au ciel recevoir la récompense de sa charité. En 1840, Mᵍʳ Alexis Billiet,

évêque de Saint-Jean de Maurienne, a été
nommé archevêque de Chambéry. Il s'est
fait rendre compte de tous les établissements
de la ville. M. Revel, qui était le supérieur
de la Maison du Bon-Pasteur, lui a dit qu'il
y avait 30,000 francs de dettes. Sa Grandeur
a ordonné alors à M. Revel d'écrire bien
vite à la supérieure d'Angers qu'elle eût à
retirer ses religieuses,... elle ne voulait pas
tolérer un établissement aussi endetté.

« M. Revel m'a fait part des intentions de
Monseigneur, et m'a dit : « Allez lui parler. »
Oh ! comme j'avais le cœur percé de douleur,
après tant de peines pour faire réussir cette
œuvre! Mais j'ai esperé contre toute espérance !

« Je suis allée voir Monseigneur qui m'a
dit : « La Maison du Bon-Pasteur est bien
« endettée. » Je lui ai répondu : « Monsei-
« gneur, les dettes seront bientôt payées ; je
« donnerai tout ce que je pourrai et je ferai
« des quêtes de tous côtés. » Alors, j'ai donné
10,000 fr. à M. Revel. Deux demoiselles de
La Pierre, 4,000 fr. Les demoiselles Roze,
4,000 fr.

« Depuis ce moment, Mgr Billiet a toujours protégé cet établissement par ses aumônes[1]. Il m'a autorisée à recueillir des souscriptions et des dons en sa faveur. Étant munie d'une lettre, appuyée de sa spéciale protection, j'ai été faire des quêtes à Aix-les-Bains et dans tous les environs : à Saint-Pierre d'Albigny, Albertville, Moûtiers, Aiguebelle, Saint-Jean de Maurienne, les Échelles, Pont-de-Beauvoisin, la Tour-du-Pin, Voiron, Pontcharra, Grenoble, Belley, Lyon, Beaujeu, Belleville, Sainte-Foi, Saint-Rambert, Annecy, Rumilly, Saint-Julien, Givors, Bonneville, Thonon, Viry, Evian, Faverges, Carouge, Thorens, aux Allinges, Genève et tous les environs, Fernex, Gex, Fribourg, Morat, Vevey, Neuchâtel, Berne, etc…

« Je suis revenue à Genève, où j'ai vu M. le curé Vuarin qui m'a donné des adresses et des recommandations pour des catholiques.

---

[1] Dans tous ses Mandements au sujet du Carême, Mgr Billiet, en prescrivant des aumônes, se réservait expressément d'en affecter une partie en faveur de l'établissement du Bon-Pasteur de Chambéry.

J'ai beaucoup reçu : M. Eynard, ministre protestant, qui était venu chez moi à Chambéry, dans le temps des troubles du Piémont, et qui m'avait offert ses services, m'a accompagnée chez plusieurs de ses amis protestants. Ils m'ont tous donné. J'ai fait 3,800 fr. de quêtes à Genève.

« Quand je suis allée remercier M. le curé Vuarin, il a voulu me conduire encore chez les Sœurs de Charité. Là, il a dit à la Sœur supérieure : « Donnez 10 francs à Mlle Guit-« taud qui vient faire une quête pour les « pauvres filles abandonnées. » La supérieure, Sœur Marie, lui a répondu : « Mon « Père, nous ne pouvons rien donner, vous « faites bâtir un hôpital, nous avons assez à « faire ! — Comment, ma Sœur, a repris M. le « curé, vous refusez de donner 10 francs pour « le salut des âmes ! Eh ! bien, vous en don-« nerez 20 pour vous punir et vous écrirez « vous-même votre nom sur le livret de Ma-« demoiselle. Elle travaille comme vous à « l'œuvre de Dieu ! » Cette Sœur m'a donné 20 francs, je l'ai bien remerciée, ainsi que M. le curé. »

CHAPITRE VIII

QUÊTES EN ITALIE

« Après le long voyage dont j'ai parlé, j'étais très fatiguée. C'était en octobre 1842. J'ai reçu une lettre de Mme la marquise de Barol, de Turin, m'invitant à aller passer quelques mois chez elle, à son château de Montcalier. J'en ai fait part à mon directeur. Il m'a dit : « Allez-y, mon enfant, vous avez besoin de vous reposer. J'ai obéi. »

« Je suis partie le lendemain pour Turin, sans prévenir Mme la marquise, pour ne pas la déranger dans la nuit, parce qu'elle était à Montcalier avec Silvio Pellico. Je suis arrivée à Turin à une heure du matin par le courrier. Je suis restée à l'hôtel jusqu'à cinq heures ; je

suis allée à la messe à Notre-Dame de la Consolà. Je me préparais à recevoir Notre Seigneur dans la Sainte Communion, lorsque j'ai
entendu une voix intérieure qui me disait :
« Pars pour Milan, c'est ma volonté ! » Je
croyais me tromper. J'ai prié la Sainte Vierge
de me faire connaître ce que je devais faire ;
je lui ai dit : « O ma bonne Mère, ne permet-
« tez pas que je sois dans l'illusion. Je vous
« promets que si, après avoir reçu Notre
« Seigneur, la voix intérieure continue de
« m'ordonner de partir pour Milan, je par-
« tirai. »

« Après avoir reçu Jésus-Christ, j'ai entendu la même voix intérieure : « Pars pour
Milan, c'est ma volonté ! » Je n'ai plus
douté,... j'ai offert à Dieu ce sacrifice. Après
mon action de grâces, je suis sortie de
l'église et j'ai demandé où se trouvait le
bureau des diligences.

« En y allant, j'ai rencontré Mme la marquise de Barol chez qui j'étais attendue. Elle
a été suprise de me voir et m'a dit : « Com-
« ment, vous êtes à Turin ! Je vous ai écrit
« que je vous attendais, n'avez-vous pas reçu

« ma lettre... Pourquoi ne m'avez-vous pas
« écrit votre arrivée ?... Je vous aurais envoyé
« ma voiture. » Je me suis excusée en disant
que je ne voulais déranger personne, sachant
que je devais arriver dans la nuit!... J'ai
ajouté que je ne pouvais pas aller avec elle,
devant partir pour Milan. Comme le courrier
de Milan ne partait qu'à quatre heures après
midi, elle m'engagea à passer au moins cette
journée avec elle à Montcalier où elle était
seule avec Pellico.

« Je ne pouvais pas lui parler de la voix
intérieure que j'avais entendue, je lui dis
seulement : « Madame, laissez-moi partir, je
« crois que c'est la volonté de Dieu. Si vous
« connaissez quelques dames à Milan, ayez la
« bonté de me donner une lettre de recomman-
« dation. » Elle a envoyé chercher Mme la marquise de Cortanze, qui m'a remis trois lettres :
une pour la duchesse de Melzi, une pour
M. le comte Mellerio et une pour la comtesse
Mugnano. Je les ai reçues avec plaisir ; mais
je savais bien que je n'avais pas besoin de
recommandation. Dieu seul me suffisait ! Ces
lettres pouvaient me servir d'ailleurs pour
faire une quête.

« Enfin, à quatre heures, je suis montée en diligence ; je priais, je ne perdais pas de vue la voix intérieure. Arrivée à Novare, un des employés du bureau a dit : « Descendez tous, « on change de voiture, on s'arrête trois heu- res. » Je me suis rappelée que je connaissais la femme du commandant, que j'avais vue plusieurs fois chez sa tante, la comtesse d'Andezène. J'ai prié un des employés du bureau de m'accompagner chez le comman- dant, comte de Benevelle. Il s'y est offert avec empressement, ajoutant qu'il était de ses amis. Arrivés à la porte, nous avons aperçu la comtesse qui était dans la chambre d'entrée.

« Quand elle m'a vue, elle m'a dit, en me serrant dans ses bras : « Oh ! quel miracle de « vous voir ici ! Il y a longtemps que je vous « désirais. C'est le bon Dieu qui vous envoie « pour mon pauvre mari. Il est souffrant, je « crains qu'il ne prenne une attaque d'apo- « plexie foudroyante et qu'il meure sans sacre- « ments. »

« Je lui ai dit : « Il faut prier la Sainte Vierge, je m'unirai à vous. » Alors elle m'a

dit : « Oh ! Mademoiselle, restez avec nous
« tout le temps que vous pourrez. » — « Je n'ai
« que trois heures à rester, ma place est
« payée jusqu'à Milan. » — « Ne vous inquié-
« tez pas de votre place. Dieu vous a envoyée
« pour la conversion de mon mari, nous
« allons dîner ; je ne vous laisserai pas
« partir. »

« Je suis restée. Elle a dit à son mari :
« Voilà l'amie de la tante d'Andezène, Mlle
« Guittaud. » Il a été très content de me voir,
m'a fait beaucoup d'accueil... Nous avons dîné.
Il m'a demandé ensuite plusieurs détails sur
les événements de Chambéry, lors des troubles politiques du Piémont en 1821-1833 et
1834, et sur les pauvres prisonniers de Chambéry. Je lui ai raconté la belle mort du jeune
sous-officier de vingt ans. Le pauvre comte
était ému, il pleurait beaucoup. Quand je lui
ai dit qu'il était content de mourir, il m'a dit :
« Moi, je n'aurais pas été content. » J'ai
repris : « Oh ! Monsieur le comte, si vous
« aviez été à sa place, vous auriez été bien
« content de mourir, il avait fait une bonne
« confession, il avait reçu Notre Seigneur

« dans la Sainte Communion, il avait un
« grand désir d'aller au ciel ! Il était comme
« un ange ! »

« Il m'a dit en pleurant : « Et moi, Made-
« moiselle, je ne suis pas un ange ! Je ne me
« confesse jamais ! » Je n'ai pas fait paraître
que je le savais. Son épouse était présente,
elle pleurait de bonheur. Je lui ai dit : « Oui,
Monsieur le comte, vous êtes un ange, » et
j'ai continué à parler sur la religion. Enfin,
je demandais si l'église était voisine pour
aller entendre la messe le lendemain. Il m'a
répondu : « C'est moi qui veux vous y accom-
« pagner. Je vous ferai parler à un Père
« Jésuite qui a beaucoup entendu parler de
« vous. Il sera content de vous voir. »

« Nous sommes convenus que le lendemain, à sept heures du matin, on irait à la
messe. Après la messe, il m'a conduit au
parloir et a fait demander le bon Père, avec
qui nous avons parlé un moment. J'ai dit
ensuite au Père : « M. le comte est un ange !
« Je voudrais bien, avant de quitter Novare,
« avoir le bonheur de recevoir Notre Sei-
« gneur dans la Sainte Communion, à côté de

« lui. » Alors le Père a regardé M. de Benevelle, ils m'ont regardée tous les deux. Le
comte a dit : « Je ne puis pas être à côté de
« vous à la Sainte Table. — Eh bien ! ai-je
« dit, allez à votre confessionnal, mon Père,
« M. le comte va y aller. » Le pauvre comte
a laissé couler quelques larmes, je l'ai pris
par le bras : « Allons, courage ! ne résistez pas
« à la grâce ! » Il m'a dit : « Priez pour moi,
« Mademoiselle, je ne puis pas refuser d'aller
« me confesser. »

« Nous avons quitté le bon Père qui était
ému. Nous sommes allés à l'église. Il a eu
le bonheur de se confesser plusieurs jours de
suite. Le sixième, nous avons eu, sa femme
et moi, le bonheur d'être ensemble à côté du
comte à la Sainte Table. Ce cher ange était
si content qu'il ne pouvait pas me témoigner
assez sa reconnaissance, ainsi que sa femme.
Après le déjeuner, j'ai voulu partir. Il a
demandé une place pour moi jusqu'à Milan à
une dame qui s'y rendait dans sa voiture.

« Cette dame est venue me prendre et m'a
conduite jusqu'à Milan. Nous y sommes
arrivées très tard. Elle m'a offert une cham-

bre, j'ai accepté avec plaisir. Je l'ai priée de me faire accompagner le lendemain à l'église de sa paroisse. C'était celle de Saint-François de Paul. J'ai entendu la messe, puis je me suis confessée. Le prêtre, après la confession, m'a fait beaucoup de questions sur mon voyage. Comme je lui ai dit que j'avais des lettres de recommandation et que je pensais faire une quête, il m'a répondu : « Vous ne le pouvez pas, le gouvernement ne « le permet pas. »

« Il s'étonnait de ce que je n'étais adressée ni par mon évêque, ni par mon directeur, et soupçonnait un mystère caché ! Il m'a engagée alors à aller lui parler chez lui et m'y a fait conduire par une femme qui se tient à la porte de l'église.

« J'ai obéi ! quand j'ai été dans sa chambre, il m'a dit : « Mademoiselle, parlez-moi avec « confiance ! Vous êtes de Chambéry. C'est « la Sainte Vierge qui vous a envoyée ici pour « sauver une âme. C'est une époque de votre « vie... Vous ne devez pas quitter Milan sans « avoir converti un monsieur de votre pays, « qui est en danger de mourir sans confes-

« sion,... mais Dieu ne le laissera pas impé-
« nitent, parce qu'il a fait bien des charités
« aux pauvres ouvriers. Je vais vous donner
« son adresse. Ne vous découragez pas ; vous
« aurez des difficultés pour arriver jusqu'à
« lui. Dieu est avec vous ! j'ai confiance ! ne
« parlez pas de moi, et revenez lorsque vous
« l'aurez vu. En attendant, je vais voir une
« dame qui vous donnera une chambre où
« vous serez comme chez vous. Je vous
« attends pour vous faire accompagner chez
« cette dame. »

« Oh ! comme j'ai prié les saints anges et
surtout mon ange gardien !... Je me suis
rendue, d'après les indications, chez M. F.
Burdin, riche horticulteur de Chambéry. J'ai
sonné. M. Cobianque est venu m'ouvrir. J'ai
dit que j'étais de Chambéry, que je désirais
voir M. Burdin pour lui donner des nouvelles
de son frère : « Madame, m'a-t-il répondu, je
« suis très fâché ; vous ne pouvez pas le voir,
« il est très mal ; les médecins ont défendu de
« laisser entrer personne dans sa chambre. »
J'ai beaucoup insisté, en promettant de ne
pas le fatiguer. Même refus ! Mais Dieu,

dans sa grande miséricorde, a permis que sa
gouvernante se mît à la fenêtre en ce moment,
me reconnût et dît à son maître que M. Cobianque refusait de me laisser entrer. Il a
dit alors : « Oh ! que je serais content de la
« voir ; descendez vite, dites-lui que je veux
« lui parler. »

« Je suis entrée dans sa chambre, j'ai vu
ce pauvre malade, il m'a fait pitié. Il m'a
priée de rester quelques jours chez lui, m'assurant que je lui ferais plaisir. Il était tout
heureux, avant de mourir, de voir quelqu'un
de Chambéry. Il m'a demandé des nouvelles
de son frère. Il savait ce que j'avais fait pour
les pauvres prisonniers, son frère le lui avait
écrit.

« Il se plaignait d'être étouffé par un catar-
rhe, et, depuis six mois qu'il était aux mains
des médecins, il voyait son mal toujours
empirer. Je lui ai prescrit alors un remède
fort simple à prendre par tasse, d'heure en
heure ; surtout je l'ai engagé à reprendre
courage, promettant de revenir le lendemain
matin. « Où allez-vous coucher ce soir, me
« demanda-t-il ? » — « Chez Mme la comtesse

« Stampa. » — « Oh! je la connais cette
« charmante dame, elle vous laissera bien
« venir chez moi. Je vous attends demain
« matin. »

« Je suis allée voir M. le chanoine Ambrosello et je lui ai tout raconté. Il a remercié
Dieu et m'a priée de venir le voir le lendemain. « J'ai parlé aujourd'hui, me dit-il, à ses
« deux médecins, ils le croient à ses derniers
« moments. »

« Le lendemain, après la messe, je suis
allée chez le malade, il m'attendait avec
impatience. Il s'était fort bien trouvé de mon
remède. Il me disait : « Comme je vous re-
« mercie! Restez chez moi, ma domestique
« aura soin de vous. » — « Je resterai chez
« vous, Monsieur, lui répondis-je, mais à la
« condition que vous ferez ce que je vous
« prescrirai. » Je lui ai alors remis une mé-
daille de la Sainte Vierge pour l'aider à
supporter ses souffrances.

« Comme il se plaignait de l'enflure de ses
jambes, je lui ai appliqué un remède de
bonne femme, qui, grâce à Dieu, a produit
un effet prompt et merveilleux. A cette vue,

revenant à des sentiments religieux qu'il avait longtemps oubliés, il me dit en pleurant : « O miracle ! c'est mon patron saint « François de Sales qui vous a envoyée à « Milan pour me soulager. »

« Le lendemain, ses deux médecins m'ont demandé ma recette, mais ils m'ont déclaré que le pauvre malade ne peut pas guérir, qu'il peut même rester entre mes mains au moment où je m'y attendrai le moins. Voyant qu'il y avait urgence, j'ai envoyé chercher M. le chanoine Ambrosello et l'ai fait introduire, à l'improviste, dans la chambre où nous étions. Surpris, effrayé peut-être, de cette subite apparition, M. Burdin a opposé d'abord quelque résistance ; mais je lui ai rappelé qu'il m'avait promis de faire tout ce que je lui dirais. Je l'ai menacé de partir le jour même s'il refusait de recevoir un confesseur.

« Il a aussitôt consenti, et a fait asseoir M. Ambrosello près de son lit. Je me suis bien vite retirée. Après deux heures et demie, M. le chanoine est venu tout baigné de larmes : « Oh ! Mademoiselle, je viens de confesser un

« saint Augustin. Je reviendrai demain. »
Puis se ravisant : « s'il venait à mourir cette
« nuit, quel malheur ! Non, allez lui dire qu'il
« faut qu'il finisse sa confession et que le
« curé viendra ensuite lui apporter le saint
« viatique. »

« Ainsi a été fait. Il a reçu Notre Seigneur
avec des sentiments d'humilité et de contrition très édifiants. Il a voulu faire entrer
dans sa chambre tous les assistants pour qu'ils
prient pour lui.

« Depuis ce moment, il a été changé ; il souffrait avec patience et me dit : « Je veux vous
« donner 16,000 francs que j'ai à Paris, à la
« banque Pillet-Will ; » mais craignant qu'il
ne pensât que j'avais fait tout cela par intérêt,
j'ai refusé en disant que j'attends ma récompense dans le ciel. Il a été touché de mon
désintéressement et a dit : « Oui, il y a un
« Dieu, je le crois... Ce n'est que la religion
« qui peut donner un si grand courage ! »

« Il a vécu encore deux mois et demi,
toujours résigné à la volonté de Dieu. Il a
demandé l'Extrême-Onction et toutes les
indulgences. Il est mort avec sa pleine con-

naissance, en embrassant son crucifix. Le curé de la paroisse était si content qu'il m'a donné 250 francs pour le Bon-Pasteur. Par son testament, M. Burdin m'a donné, pour la même œuvre, 1,000 francs, et en outre 500 francs pendant six ans, soit 3,000 francs.

« Quatre jours après, Mme la C^sse Stampa est venue me chercher pour loger chez elle. J'en ai profité pour faire une quête avec la permission du vice-roi.

« Mme la duchesse Melzi m'a donné 240 francs.

« M. le comte Mellerio, 200 francs.

« Mme la comtesse Mugnano, 200 francs.

« M. le chanoine Cathano, 400 francs.

« Mme la comtesse Stampa et diverses personnes, 350 francs.

« Il y avait quatre mois que j'avais quitté Chambéry. Le 14 février 1843, M. Revel a écrit à Mme la marquise de Barol la lettre suivante qu'elle m'a fait parvenir à Milan.

« Madame la Marquise,

« C'est à votre charité seule que je vais
« recourir dans une espèce d'inquiétude que

« j'éprouve au sujet de Mlle Guittaud, j'ai la
« confiance que vous serez assez bonne,
« Madame la marquise, pour excuser mon
« indiscrétion, parce que je sais que, comme
« moi, vous rendez justice aux précieuses
« qualités de cette personne.

« Voilà quatre mois que Mlle Guittaud est
« partie de Chambéry pour Turin, et dès lors
« je n'ai plus entendu parler d'elle. Où est-
« elle? Que fait-elle? N'est-elle point malade?
« Je lui aurais écrit si j'avais su où la prendre;
« je serais bien aise d'avoir de ses nouvelles
« et aussi de savoir si son zèle industrieux
« aura procuré quelques ressources à notre
« pauvre Maison du Bon-Pasteur, dont elle
« est le principal soutien.

« Vous avez aussi étendu jusqu'à nous,
« Madame, votre main charitable, et je saisis
« avec bonheur cette occasion de vous en
« témoigner notre religieuse gratitude. Notre
« œuvre se soutient et prospère, mais nous
« sommes couverts de dettes et avec cela obli-
« gés à faire pour plus de 20,000 francs de
« réparations dans le local acheté. Nous avons
« bien besoin que Mlle Guittaud, notre quê-

« teuse, nous revienne les mains bien garnies.
« La Providence l'aidera et la soutiendra,
« c'est là ma confiance.

« Daignez agréer, je vous prie, l'hommage
« de profond respect avec lequel j'ai l'honneur
« d'être, Madame la marquise,

« Votre très humble et très obéissant ser-
« viteur.

« REVEL, vicaire général.

« Chambéry, 14 février 1843. »

« J'ai écrit à M. Revel, après avoir lu la
lettre qu'il avait envoyée à la marquise. Il
m'a répondu le 25 février 1843 :

« Mademoiselle et chère Fille
« en Notre Seigneur,

« Je vous en voulais bien un peu de ne
« point me donner de vos nouvelles depuis.
« quatre mois que vous nous avez quittés. Sans
« être précisément inquiet, j'avoue pourtant
« que je ne m'expliquais plus votre silence,
« d'autant que vous connaissez bien, d'une
« part, l'intérêt que je vous porte, de l'autre,
« ma sollicitude pour notre œuvre du Bon-
« Pasteur. Grâce à Mme de Barol, à qui je me

« suis adressé pour savoir ce que vous étiez
« devenue, vous avez enfin pensé à moi.
« Maintenant que j'ai reçu votre lettre, tout
« est pardonné et je ne sais plus que vous
« remercier et bénir Dieu de tout ce que vous
« me mandez. Le bon Pasteur veut bien se
« servir de vous pour ramener au bercail les
« brebis égarées ; ne vous opposez point aux
« desseins miséricordieux de la Providence ;
« faites avec simplicité le bien qui se présente,
« continuez à prendre habituellement conseil
« d'un confesseur prudent et éclairé, soit
« pour prévenir les illusions, soit pour agir
« par obéissance ; enfin tenez-vous bien dans
« l'humilité, pensant que vous n'êtes qu'un
« vil instrument entre les mains de Dieu,
« qui rejetterait l'instrument s'il s'avisait de
« se croire autre chose que ce qu'il est. Ce
« que vous me dites de M. Burdin aîné m'a
« rempli l'âme de consolation. Marie conçue
« sans péché a prié pour lui : il a fait la mort
« d'un saint. Non le bras de Dieu n'est pas
« raccourci, comme dit le prophète. On peut
« même dire que jamais il n'y eut une époque
« plus féconde en miracles de conversion que

« la nôtre ; ce sont des conversions telles que
« la puissance de Jésus et de Marie y est
« visible, et que l'homme n'y figure que
« comme instrument. Oh ! ne cessons donc
« de mettre notre entière confiance au cœur
« immaculé de Marie : voilà le vrai trésor !

« A propos de trésor, vous nous en faites
« un, je l'espère, pour notre chère et pauvre
« œuvre du Bon-Pasteur. La maison con-
« tinue à aller assez bien. Je m'occupe main-
« tenant à faire les réparations à la nouvelle
« maison pour qu'on puisse s'y établir cet
« automne. Les réparations faites et à faire
« s'élèvent à près de 20,000 livres : ce
« serait effrayant si nous ne devions compter
« sur les richesses de la Providence. Pour-
« tant, dans ces réparations, il n'y a que
« l'absolu nécessaire : clôture (pas entière),
« toits, parloirs, dortoirs, etc,... deux murs
« pour consolider la maison, trois planchers,
« après cela nous nous arrêterons. Pour que
« tout soit bien, j'ai fait faire un plan général
« qui nous servira toujours. Vous connaissez
« la prudence de Monseigneur ; il craint
« toujours que je n'aille trop vite. J'espère

« que la bonne nouvelle que je lui donnerai
« du legs de M. Burdin lui donnera plus de
« confiance dans l'avenir.

« Je vous réponds de suite pour vous trouver
« encore à Milan. Donnez-moi quelquefois
« de vos nouvelles ? Apportez-nous le plus
« d'argent possible. Avez-vous renoncé à votre
« demande au roi ?

« Ma nièce Augustine touche à ses derniers
« moments. Priez pour elle, priez pour moi
« qui vous suis tout dévoué en Notre Sei-
« gneur.

« REVEL, vicaire général. »

On voit par cette lettre que, de **1839** à **1843**,
l'œuvre du Bon-Pasteur avait vite grandi à
Chambéry. Au lieu d'une petite maison louée,
on avait acheté de M. Dupuis une grande
maison avec un enclos au fond du Verney :
l'établissement actuel du Bon-Pasteur. On était
forcé de la transformer en couvent et d'y trans-
porter les jeunes filles, dont le nombre avait
beaucoup augmenté.

« J'ai encore écrit à M. Revel avant de
quitter Milan, voici sa réponse :

« Chambéry, 3 avril 1843.

« Mademoiselle et chère Fille
« en Notre Seigneur,

« Avant de vous répondre, je voulais pou-
« voir vous dire que j'avais encaissé les
« sommes pour lesquelles vous m'avez en-
« voyé trois effets. Ce n'est que ce matin que
« j'ai pu voir M. Bonjean pour le billet de
« 1,000 francs. J'ai donc reçu, en y compre-
« nant le legs de M. Burdin, la somme totale
« de 2,820 francs. Vous m'annoncez un nouvel
« envoi de fonds que vous aviez confié à
« M. Burdin. Je n'ai encore reçu aucun effet
« à cet égard. Mais combien je vous bénis et
« vous remercie pour ces secours qui vien-
« nent à propos, ou plutôt combien je bénis
« le bon Pasteur qui vous dirige et vous
« protège, et bénit vos démarches dont il se
« réserve de vous récompenser un jour.
« Mgr l'archevêque, à qui j'ai lu une partie de
« votre lettre, me charge de vous témoigner
« toute la joie qu'il a éprouvée des heureux
« résultats en tous genres dont le bon Dieu
« a béni vos courses. Il vous envoit sa béné-

« diction paternelle et fait des vœux (auxquels
« je m'associe entièrement) pour que la divine
« Providence continue à vous protéger et à
« bénir vos entreprises.

« Monseigneur est d'avis d'attendre que la
« reine Marie-Christine soit en Savoie, où
« elle doit venir cet été, pour lui présenter
« une supplique en faveur de notre œuvre ;
« lui-même traitera la chose avec M. de Colo-
« bian.

« Quand vous reviendrez à Turin, allez à
« la piste de la supplique que vous avez fait
« présenter au roi pour le pain de chaque
« jour. On enterre ces sortes de suppliques
« dans les cartons du ministère, si on ne les
« suit pas de l'œil. Monseigneur serait bien
« disposé à écrire, s'il savait à qui, pour faire
« réussir cette demande ; il est très bien avec
« M. Avet.

« Votre neveu, M. l'abbé Paquet, dont la
« santé est altérée, va faire une course en
« Italie pour se rétablir. Il sera à Rome à la
« fin de cette semaine, pour les belles céré-
« monies de la Semaine Sainte, il m'a dit
« qu'il comptait vous y voir. J'avais fait,

« vendredi dernier, une lettre à lui remettre
« pour vous, quand j'ai reçu la vôtre m'an-
« nonçant votre départ de Milan. Je vous y
« faisais part que j'avais donné, pour le prix
« de 15,200 francs, l'adjudication pour les
« réparations de la maison du Verney et
« l'établissement des parloirs, que l'on était
« en train de travailler, que l'on ne continue-
« rait pas cette année le mur de clôture afin
« de ne pas trop nous endetter, parce que je
« prévoyais bien que les ouvrages à faire
« dépasseraient la somme de 15,000 francs,
« et que nous ne nous en tirerions pas à
« moins de 20,000 francs. J'active l'ouvrage
« autant que possible pour que l'on puisse y
« entrer en novembre prochain. Je serais
« effrayé de tant de dépenses si je ne comp-
« tais absolument sur le secours de la Provi-
« dence, et puis aussi sur vous qui êtes notre
« fourmi pourvoyeuse. La Communauté con-
« tinue à aller assez bien. Si vous voyez
« comme les Sœurs tourières ont bien arrangé
« le jardin du Verney, vous seriez enchantée.
     « Ma nièce Augustine touche à ses derniers
« moments ; c'est un ange de douceur et de

« résignation. Elle a cruellement souffert
« depuis un mois. Le jour de la récompense
« est là ! Priez pour elle.

« Je vous renouvelle l'assurance du respec-
« tueux dévouement avec lequel je suis en
« Notre Seigneur,

« Votre très humble serviteur,

« REVEL, *vicaire général.* »

« Après avoir reçu cette lettre du 3 avril,
je suis revenue à Turin, où j'ai fait une quête
jusqu'au mois de juin 1843. »

Avant de quitter l'Italie avec notre coura-
geuse quêteuse, je voudrais pouvoir indiquer
les aumônes importantes qu'elle en a rapportées,
et spécialement celles qu'elle devait à l'inépuisable charité de la marquise de Barol. Malheureusement, je ne les trouve pas consignées
dans ses mémoires. Elle avait conservé les reçus
de toutes les sommes recueillies et versées au
Bon-Pasteur, mais, sur l'ordre de M. Mercier,
vicaire général, elle a dû les brûler pour éviter
toute contestation après sa mort.

CHAPITRE IX

QUÊTES A PARIS

« Le 11 novembre 1843, je suis partie pour
aller faire une quête à Paris ; j'étais munie
d'une lettre de Mgr l'archevêque, dont voici
la teneur :

« ALEXIS BILLIET, par la miséricorde divine
« et la grâce du Saint-Siège apostolique,
« archevêque de Chambéry, etc.

« Mlle Laurence Guittaud, de Chambéry,
« qui a très particulièrement contribué à
« établir, dans cette ville, une Maison de
« refuge, sous le titre de Bon-Pasteur, pour
« les jeunes personnes qui sont exposées
« dans le monde, nous ayant manifesté le

« désir de solliciter la charité des personnes
« bienfaisantes en faveur de cet établisse-
« ment encore naissant et sans ressources,
« nous attestons, bien volontiers, à toutes
« les personnes qui seraient en position de
« concourir à cette bonne œuvre, qu'elle
« éprouve un grand besoin de secours, soit
« pour subvenir à ses dépenses ordinaires,
« soit pour acquitter les dettes contractées
« pour l'acquisition et réparation d'un local
« convenable. Nous attestons, en outre, que
« ladite demoiselle Guittaud est une per-
« sonne digne de toute confiance, très recom-
« mandable par ses vertus et, en particulier,
« par le sentiment de charité dont elle se
« montre constamment animée. Nous nous
« empressons de louer ses bonnes intentions
« et de les appuyer de notre spéciale recom-
« mandation.

« Donné à Chambéry, sous notre seing et
« le sceau de nos armes et le contre-seing du
« chancelier de notre archevêché.

« ALEXIS BILLIET, *archevêque.*

« BOISSAT, *secrétaire.* »

« Cette lettre était apostillée par Mgr de Janson, évêque de Nancy, en ces termes :

« C'est avec la plus entière confiance dans
« le mérite, le désintéressement et la géné-
« rosité des sacrifices de Mlle Guittaud, que
« nous joignons notre témoignage et notre
« recommandation à ceux de Mgr l'archvêque
« de Chambéry.

« CHARLES, *évêque de Nancy et de Toul,*
« *ancien vicaire général de Chambéry.*

« Paris, 18 janvier 1844. »

« En quittant Chambéry, je suis allée à Ars, en passant par Lyon. J'ai eu le bonheur de me recommander aux prières du saint curé d'Ars, pour mon voyage à Paris. Il m'a promis de prier pour moi ; il m'a donné 5 francs pour commencer ma quête. Il m'a dit :
« Partez avec confiance, mon enfant, vous
« allez voyager dans le domaine de Dieu.
« Les saints anges compteront vos pas, ils
« vous protègeront ; mais vous ferez peu de
« chose, et, au moment où vous y penserez
« le moins, vous ferez un voyage avec une
« personne à qui vous raconterez votre voyage

« de Paris. Cela vous rapportera beaucoup
« plus, beaucoup plus, mon enfant, que ce
« que vous aurez fait à Paris ! »

« La prédiction du saint curé s'est vérifiée
en septembre 1844 ; j'en parlerai plus tard.

« Enfin, j'ai quitté Ars pour revenir à Lyon.
Le lendemain, après avoir assisté à la messe,
je suis partie pour Paris, où je suis arrivée
le même jour, à trois heures. J'ai pris une
voiture pour aller au faubourg Saint-Marceau
voir Sœur Rosalie Rendu, afin de lui remettre
une lettre de M⁹ʳ Rendu, son cousin, évêque
d'Annecy. Il avait écrit à M. Revel, grand
vicaire, que je serais connue à Paris avant
d'y aller, qu'il avait écrit à sa cousine, Sœur
Rosalie Rendu, qui était une petite puissance
dans Paris, qui me logerait et me protégerait.
« Dites à Mˡˡᵉ Guittaud, ajoutait-il, qu'elle
« aille de suite chez Sœur Rosalie, en arri-
« vant à Paris. »

« C'est ce que j'ai fait... J'ai demandé à
parler à Sœur Rosalie, supérieure, disant
que j'avais une lettre à lui remettre. La
Sœur portière est allée la prévenir, puis elle
est revenue me demander la lettre. J'ai sup-

plié, afin de parler d'abord à Sœur Rosalie...
Elle m'a répondu de sa part : « Vous ne pou-
« vez pas la voir, elle est indisposée. Elle ne
« peut pas vous loger. Vous reviendrez de-
« main prendre la réponse à votre lettre. »

« Il était nuit ! il faisait mauvais temps...
Où aller loger ? J'ai demandé en grâce qu'on
me laissât passer la nuit au parloir, pour y
être en sûreté, assurant que je n'aurais pas
besoin de lit. Cette grâce m'a été refusée.

« Enfin, j'ai demandé par charité, à la
Sœur, de me dire où je pourrais aller passer
la nuit. La bonne Sœur était peinée de voir
mon chagrin. Elle est allée, pour la troisième
fois, demander où il fallait m'envoyer. La
Sœur Rendu a dit : « Allez, avec cette demoi-
« selle, sur la montagne de Sainte-Geneviève,
« vous demanderez à cette dame qui a des
« chambres à louer, qu'elle loge Mademoiselle
« pour cette nuit. » Nous y sommes allées....
il faisait grosse nuit ; je croyais que jamais
nous n'arriverions, tant j'étais fatiguée. Enfin,
nous y sommes arrivées ; mais la dame nous
a reçues en disant : « Comment, Sœur Rosa-
« lie me prie de loger cette dame ! Je n'ai

« plus de chambres. J'en avais encore une
« libre, je l'ai louée ce matin à deux jeunes
« étudiants. Vous direz à la Sœur qu'une
« autre fois elle m'avertisse d'avance. »

« J'ai demandé à cette dame de me laisser
passer la nuit dans sa cuisine, n'ayant pas
besoin de lit. Elle me l'a refusé. Comme j'étais
très fatiguée, elle a eu pitié de moi et a dit
qu'elle trouverait une petite chambre pour
me loger. Elle a envoyé sa bonne chez un
monsieur, dont la femme était partie pour la
campagne ; elle lui demandait de prêter un
lit à une dame pour une nuit.

« En attendant la réponse, j'ai demandé
une tasse de bouillon ; enfin, la bonne est
venue me chercher de la part de ce monsieur,
qui a été fort honnête et m'a introduite dans
une chambre où je me suis fermée à clé et
me suis couchée... Mais je ne pouvais pas
dormir, j'étais abîmée de fatigue! Bien loin
de me décourager, j'avais une grande confiance ; je savais, par expérience, que les
œuvres de Dieu sont toutes plantées sur la
croix.

« Le matin, je suis allée payer la tasse de

bouillon à la dame qui me l'avait fournie ; elle m'a demandé un franc pour la tasse et cinq pour le lit... Je l'ai priée de m'indiquer le chemin à suivre pour me rendre au faubourg Saint-Marceau.... Après bien des détours, quel bonheur j'ai éprouvé en voyant enfin le clocher ! Je suis entrée dans l'église, j'ai entendu la première messe... J'ai eu le bonheur de recevoir Notre Seigneur dans la Sainte Communion. Après mon action de grâces, je me suis trouvée toute consolée et remise de mes fatigues.

« Je suis allée chez Sœur Rosalie, chercher la réponse à la lettre de M⁹ʳ Rendu. Elle m'a fait entrer dans sa chambre et m'a dit : « Je ne peux pas vous loger ; je vous rends « votre lettre, vous la porterez à Sœur Madeleine, qui demeure rue du Plumet. Elle « a plus de place que nous et pourra vous « loger. »

« J'ai fait prendre ma malle par un portefaix qui m'a conduit à la rue du Plumet. Arrivée chez la Sœur Madeleine, j'ai fait poser mes effets hors du parloir et j'ai demandé à lui parler. Une Sœur est venue me

demander ce que je voulais à la supérieure.
— J'ai dit que j'avais une lettre à lui remettre de la part de Sœur Rosalie, et, sur sa
demande, je la lui ai confiée. Après vingt
minutes, elle est revenue me dire, de la part
de la supérieure, qu'elle ne pouvait pas me
loger sans en avoir obtenu la permission du
directeur de la maison, qu'elle l'avait envoyé
chercher. J'ai attendu deux heures au parloir.
Le directeur est enfin arrivé, a conféré avec
Sœur Madeleine. La Sœur est ensuite venue
me déclarer qu'elle ne pouvait pas me loger,
parce que j'allais faire une quête et que
j'allais contre leur intérêt. Alors j'ai prié ces
dames d'avoir la bonté de garder mes effets
jusqu'à ce que j'aie réussi à me trouver un
logement. J'ai entendu la supérieure qui or-
donnait de les faire porter à l'écurie. Je les
y ai portés moi-même, ayant le cœur bien
serré.

« Je suis sortie de cette maison sans savoir
où aller. Je priais tous les saints anges de
m'aider. En traversant la rue Plumet, j'ai lu
sur une enseigne : *Maison des Frères de
Saint-Jean de Dieu pour les aliénés.* Je me

suis rappelée alors que j'étais affiliée à l'Ordre, que j'avais aidé un Père de Magalon dans une quête qu'il a faite à Chambéry.

« J'ai sonné ; c'est le Frère Claude-Marie qui m'a ouvert et m'a de suite reconnue. J'ai demandé le Père de Magalon, à qui j'ai raconté mes déceptions. En me parlant, le Père m'a dit qu'il y avait une Maison du Bon-Pasteur, rue Vaugirard, et que la supérieure a résidé quelque temps à Chambéry, où elle a été assistante.

« Le Frère m'y a aussitôt accompagné. Sœur Marie de l'Incarnation, qui m'a parfaitement accueillie, m'a donné sa chambre qui était tout près de la chapelle. J'y suis restée depuis le 12 novembre 1843 jusqu'au 28 avril 1844.

« Ma première démarche a été d'aller à Notre-Dame-des-Victoires me mettre sous sa protection. Je suis allée ensuite remercier le Père de Magalon et les Frères. Ils m'ont dit : « Revenez nous voir, nous vous donnerons des adresses. » Le Frère m'a dit : « Je connais une dame anglaise, je lui par-
« lerai de vous ; quand vous reviendrez nous
« voir, je vous donnerai son adresse. »

« Jai été chez la princesse Galitzin, je lui ai remis la lettre de son amie, la marquise de Cortanze, qui la priait de me protéger dans la quête que j'allais faire à Paris. Elle m'a répondu qu'elle ne pourrait rien faire pour moi. Je suis allée aussi chez M. le grand vicaire, M. Dupanloup, qui m'a dit également : « Ne comptez pas sur moi, je ne « puis pas vous aider. »

« Cependant, tous mes efforts pour arriver à me procurer des adresses étaient inutiles. Tous me faisaient la même réponse. « Nous « avons besoin de quêter pour nous-mêmes « ou pour nos œuvres. » Mais je ne me suis pas découragée. »

*
* *

Voyant la difficulté d'arriver à faire une quête, Mlle Guittaud résolut d'organiser une petite loterie d'objets mobiliers dont les billets seraient faciles à placer. Elle avait même pensé à mettre en loterie les deux maisons que le Bon-Pasteur avait achetées pour son premier établissement à Hautebise, et qui devenaient inutiles depuis son installation au Verney. Elle en écrivit à M. Revel, qui lui répondit d'abord le **20** décembre **1843**.

« Mademoiselle et chère Fille en N. S.

« Rien ne me surprend dans les débuts
« pénibles de votre œuvre à Paris, pas même
« votre confiance dans un meilleur succès
« pour le moment marqué par la Providence.
« Qu'est-ce que des adresses, des recom-
« mandations ? Moyens humains dont Dieu
« se plaît à nous montrer le néant, l'inutilité,
« pour nous obliger à nous adresser à Lui
« uniquement par le canal de Marie. Vous
« avez été sans doute à l'église de Notre-
« Dame-des-Victoires mettre vos démarches
« sous la protection du Cœur Immaculé, re-
« fuge des pécheurs ! dites-lui bien que c'est
« pour ces pécheurs, qu'elle aime tant, que
« vous l'intercédez. Elle vous écoutera et
« vous procurera des trésors.

« Mgr l'archevêque est d'avis que vous
« prolongiez encore votre séjour à Paris,
« dans la pensée qu'il peut être utile. Il
« goûte beaucoup votre idée de faire une

« loterie des deux maisons, mais il ne peut
« rien faire sans l'autorisation du roi, les
« lois s'y opposant : ce serait se compro-
« mettre. Ce que vous proposez : de placer
« des billets au moyen d'une autorisation
« authentique de Monseigneur, reviendrait
« au même, parce que cela pourrait être su
« de notre gouvernement, et le serait indu-
« bitablement par la voie de l'ambassadeur
« du roi à Paris. Il faut donc, avant tout,
« avoir la permission du roi. Monseigneur
« va la solliciter, avec l'exemption de la
« retenue que prend ordinairement le gou-
« vernement. Monseigneur serait d'avis de
« mettre les billets à 10 fr.; je vous assure
« que je m'occuperai de suivre cette affaire
« avec d'autant plus d'activité, que nous
« sommes criblés de dettes, et que je ne
« sais où prendre de l'argent. Si cette affaire
« peut réussir, comme je l'espère, il ne nous
« resterait plus que 20,000 francs de dettes,
« ce serait moins effrayant !

« Vous aurez appris par les trois jeunes
« postulantes de Turin, qui s'en vont au
« noviciat d'Angers, passant par Paris, que

« la Communauté s'est transférée au Verney,
« le 15 de ce mois. Tout s'est bien passé.
« Dimanche j'ai été bénir la chapelle et
« toute la maison, et la chose, dès lors, che-
« mine bien : Il n'y a plus d'ouvriers que
« pour ferrer quelques portes et établir le
« fourneau de la cuisine.

« J'ai été bien aise d'apprendre que c'était
« la Mère de l'Incarnation qui vous avait
« accueillie à Paris, dites-lui pour moi les
« choses les plus affectueuses, et combien je
« regrette qu'elle ne soit pas assistante ici
« dans notre nouvelle maison, qu'elle trou-
« verait très agréable.

« Depuis votre départ, nous avons perdu
« M. Dupuy, le peintre, qui nous avait
« vendu la maison du Verney : cela nous
« donnera la facilité de payer quand nous
« aurons de l'argent. Faites-en le plus pos-
« sible, et, encore une fois, ayez confiance :
« le bon Dieu vous aidera. Je vous renou-
« velle l'assurance de mon entier et respec-
« tueux dévouement.

« Votre très humble serviteur,

« REVEL, *vicaire général.* »

Autre lettre du même, en date du 30 janvier 1844.

« Mademoiselle et chère Fille en N. S.

« C'est hier, au beau jour de ma fête, que
« votre lettre m'est arrivée : je l'ai reçue
« comme un bouquet, et c'en était un bien
« vrai par le souvenir religieux qu'il ren-
« ferme. Je me hâte donc de vous en remer-
« cier.

« Vous savez que la Communauté du Bon-
« Pasteur est établie dans son nouveau
« logis depuis plus d'un mois. Ce n'était
« pas là le plus difficile. Ce qui l'est bien
« davantage, c'est de payer les ouvrages
« faits ; voilà les ouvriers qui viennent, les
« uns après les autres, m'apporter leurs
« notes. Je leur donne quelque chose en les
« engageant à prendre patience. Puis, quand
« ils sont sortis de ma chambre, je demande
« à Dieu, par Marie, de m'aider à me tirer de
« là ; je pense à vous, à vos courses charita-
« bles, à vos voyages pénibles et je prends
« courage. J'ai confiance en la divine et
« toute-puissante Miséricorde. *La petite*

« *fourmi trotte, elle butinera :* son bon ange
« compte ses pas , il l'aidera. Continuez
« donc, mon enfant, avec simplicité et con-
« fiance, et restez à Paris tant que le bon
« Dieu bénira vos démarches. Vous con-
« tribuerez par là à sauver des âmes chères
« au cœur de Jésus ; les anges gardiens de
« ces pauvres créatures, non seulement ne
« seront pas jaloux que vous leur aidiez à
« les remettre sur la bonne voie, mais vous
« compteront pour une des leurs, vous as-
« sisteront, vous éclaireront et agiront pour
« assurer votre succès.

« Monseigneur me demandait de vos
« nouvelles, il y a peu de jours ; comme je
« lui disais que j'avais envie de vous écrire
« pour vous engager à revenir, afin de nous
« occuper activement de la loterie des deux
« maisons : « Non, non, me répondit-il aus-
« sitôt, *laissez-la faire à Paris et où Dieu*
« *dirigera ses pas ; quand elle reviendra,*
« *nous verrons.* » Je m'en tiens donc à
« cette décision que je vous transmets avec
« la bénédiction de Monseigneur.

« Nous nous sommes déjà occupés des

« formalités qui sont préalablement néces-
« saires pour obtenir l'agrément du roi afin
« de faire notre loterie. Mais ces formalités
« sont si longues, si minutieuses, si compli-
« quées, que c'est vraiment décourageant.
« Je crois bien que quand vous reviendrez,
« au mois de mai, nous ne serons pas encore
« bien avancés. Pourtant, je voudrais bien
« pouvoir vous envoyer des billets à Paris ;
« mais ne seriez-vous point exposée à des
« désagréments de la part de la police, vu
« que les loteries étrangères sont interdites
« en France ! On pense qu'il serait plus sûr
« de ne proposer de billets que dans les
« États de notre roi ; voilà des courses qui
« vous attendent.

« Que Dieu soit avec vous ! Je vous bénis
« de tout mon cœur. Continuez à me donner
« de temps à autre de vos nouvelles. Je
« vous prie, quand vous irez à Notre-Dame-
« des-Victoires, de me faire agréger à l'ar-
« chiconfrérie du Cœur Immaculé de Marie.
« Ne l'oubliez pas.

« Nous avons perdu M. Milliet, ancien-
« nement Frère Athanase, capucin, qui était

« depuis plusieurs années martyrisé par la
« goutte. M. Perrotin, trésorier de la ville,
« est mort aussi presque subitement.

« Je vous renouvelle bien sincèrement
« l'assurance de mon dévouement religieux
« et de ma reconnaissance pour toutes vos
« fatigues.

« Votre bien affectionné serviteur,

« REVEL, *archidiacre.* »

*
* *

Mais reprenons la suite des mémoires :

« Monseigneur de Janson m'a bien protégée, dit notre intrépide quêteuse, il a pris
50 billets, il m'a donné beaucoup d'adresses.
Je suis allée chez une dame qui m'en a pris
50, et m'a donné des objets de prix en or et
en pierres fines, pour des lots de ma loterie.
Ce qui encourageait à prendre des billets,
c'est que Monseigneur m'avait fait mettre
sur les billets que la loterie serait tirée chez
Monseigneur de Janson, rue Grenelle -
Saint-Germain.

« Vers la fin de novembre, sur la recommandation du Père de Magalon, je suis allée, à la tombée de la nuit, voir Madame la comtesse de Ticheborn, au faubourg Saint-Henri, numéro 8. Cette dame m'a promis des lots et m'a engagée à rester à dîner avec plusieurs invités, entre autres M. le curé de la Madeleine et ses vicaires. Je me suis excusée en disant que je ne connaissais pas la marche des omnibus qui me pourraient ramener le soir à la rue Vaugirard, 130. Elle m'a indiqué un omnibus partant à dix heures du soir ; son mari, qui rentrait alors, m'a promis de m'y faire accompagner par son domestique.

« A neuf heures et demie, je me suis levée de table, sans rien dire, j'ai pris mon chapeau et mon mantelet et suis partie avec le domestique, qui a bien recommandé de me faire descendre rue Vaugirard, 130.

« L'omnibus arrivait, j'avais un pressentiment qu'il m'arriverait quelque chose. J'y suis montée, il était dix heures. J'étais seule, j'avais bien peur. Le conducteur s'est assis vis-à-vis de moi. Quand l'omnibus est entré dans la rue de Sèvres, qui conduit directement à la rue Vaugirard, j'ai demandé au conducteur de faire arrêter, disant que je voulais descendre. « Non, Madame, vous « ne descendrez pas ici, vous descendrez à « votre numéro 130. » Je lui ai dit : « Vous « vous détournez du chemin ; vous allez tout « à l'opposé. — Madame, nous savons notre « devoir, nous allons prendre des voyageurs « et nous passerons dans la rue Vaugirard, « tenez-vous tranquille. » Il avait l'air d'un mauvais sujet ! J'espérai contre toute espérance dans la protection de la Sainte Vierge et des saints anges. J'ai pris le reliquaire où était un morceau de la robe de la Sainte Vierge. Je priais avec confiance.

« Enfin l'omnibus a traversé le boulevard Montparnasse, il est allé jusqu'à la Villette, à deux heures de la barrière. C'est alors que je compris que j'avais besoin du secours de la Sainte Vierge et des saints anges ! Nous voilà dans le faubourg de la Villette. Il n'y avait des maisons qu'à gauche, à droite c'était une haie qui avait des ouvertures de loin en loin donnant sur une grosse rivière.

« A la dernière maison, l'omnibus s'est

arrêté ! Le conducteur qui était vis-à-vis de moi m'a dit : « Madame, descendez, voilà « votre numéro 130. Entrez dans cette bouti- « que en attendant que nous ayons remisé « l'omnibus. » Je suis descendue, les deux conducteurs sont restés, ils sont partis au grand trot en me disant encore une fois d'entrer dans la boutique. J'ai dit : « Oh ! que ma robe est froissée ! » et j'ai feint de la secouer pour leur laisser le temps de pas- ser derrière la maison où ils allaient remiser l'omnibus.

« Alors j'ai regardé dans la boutique à travers les vitrages ; il n'y avait personne, seulement une lampe qui éclairait peu. Je ne savais que décider. Au même moment, une main invisible m'a prise par le bras droit, je sentais tous les doigts de cette main qui me serrait avec force, et j'entendais une voix qui me disait : « N'entre pas dans cette boutique, tu serais perdue ! » Cette même voix a répété deux fois les mêmes paroles. Alors j'ai soulevé mon mantelet, je l'ai mis sur ma tête pour cacher mon chapeau blanc, et je suis retournée du côté où était venu l'omnibus. Après avoir passé quelques maisons, j'ai vu venir trois hommes qui sortaient du côté de la haie, et marchaient très vite du côté de la boutique. J'ai eu bien peur! j'ai prié la Sainte Trinité d'aveugler ces malheureux pour qu'ils ne me vissent pas.

« Depuis ce moment, je ne sais pas ce qui m'est arrivé. Je ne me suis pas aperçue d'avoir marché. J'avais deux lieues à faire avant d'arriver à la barrière : je m'y suis trouvée sans la moindre fatigue. J'ai pensé que la Sainte Vierge m'avait cachée pour me soustraire aux recherches des deux conducteurs et des trois autres hommes.

« J'ai prié la sentinelle de m'ouvrir la barrière, pour rentrer à Paris. Elle m'a dit : « Attendez un moment, je vais appeler l'officier de garde, vous lui parlerez. » Il est venu et m'a dit : « Madame, comment vous « trouvez-vous à ces heures ici! Il est une « heure! » Je lui ai raconté ce qui m'était arrivé, sans parler de la voix. Il m'a fait ouvrir la barrière et m'a dit : « Ah! Madame, « vous devez la vie à votre grand courage; « allez porter vos plaintes à la police. Vous

« direz ce qui vous est arrivé ; il y a eu déjà
« des malheurs de ces côtés-là. » Je lui ai
demandé mon chemin pour la rue Vaugirard,
130, il me l'a indiqué fort obligeamment.

« J'ai suivi ses indications ; arrivée près
d'un grand peuplier, voilà un monsieur bien
mis qui m'a dit : « Madame, vous êtes seule,
« permettez-moi de vous présenter mon bras
« et d'être votre cavalier. » J'ai compris aus·
sitôt que c'était un voleur, et je lui ai dit
hardiment : « Non, Monsieur, je ne suis pas
« seule ; nous sommes fort nombreux, j'ai
« pris les devants, mais ils sont tout près. »
Je me suis retournée en même temps ap-
pelant : « Pierre ! François ! Jacques ! venez
vite, vous marchez bien lentement. » Il a cru
être pris et s'est mis à courir du côté opposé.
Je me suis cachée derrière ce peuplier,
jusqu'à ce que je l'ai perdu de vue, j'ai suivi
le boulevard et je suis enfin arrivée à la
porte du couvent.

J'avoue qu'il est fort difficile de comprendre
l'itinéraire suivi par cet *omnibus*, partant de la
rue Royale, passant par la rue de Sèvres, le

boulevard Montparnasse et se trouvant à la Villette, à deux lieues au-delà des barrières, au bord d'une rivière. Je ne m'étonne pas, d'ailleurs, de ce désordre dans les descriptions topographiques d'une pauvre fille étrangère dans Paris et dans de telles circonstances.

Probablement, la bonne Mlle Guittaud, peu familière avec les quartiers de Paris, aura simplement confondu le nom de la Villette avec celui de Grenelle, où elle aurait été conduite par cet omnibus.

*
* *

Mais revenons à son récit :

« J'ai sonné, dit-elle, le portier m'a ouvert et m'a dit : « Tout le monde était en peine « de vous. J'avais la commission d'aller cher-« cher à la morgue pour voir si je ne vous y « reconnaîtrais pas parmi les morts assassi-« nés ou noyés. » Je lui ai dit : « Je suis en parfaite santé, ne dérangez personne. » Il était une heure et demie du matin. Je me suis reposée jusqu'à quatre heures et demie. Je me suis préparée à recevoir Notre Seigneur dans la Sainte Communion. Comme j'ai remercié la Sainte Vierge, les saints anges ! Que d'actions de grâces j'ai rendues à **la très sainte** Trinité, qui conduit tout, de m'avoir délivrée des mains des voleurs !

« Le même jour, à cinq heures, je dînais chez M. le marquis de Brignoles, il m'a dit : « Nous vous attendions hier pour dîner ; nous « avons pensé que vous aviez été retenue ail- « leurs. » Je lui ai raconté tout ce qui m'était arrivé. « Vous avez été sauvée par **miracle**, « reprit-il ; les deux conducteurs de l'omnibus « de la rue Royale, dont l'un avait sa cham- « bre au numéro 8, l'autre au numéro 22 de « cette rue Saint-Dominique, ont été tous « les deux trouvés morts dans leur chambre « ce matin. Ils se sont asphyxiés avec **du** « charbon ! Ces deux malheureux avaient été « condamnés à une amende de 3,000 francs « et à trois mois de prison ; ils avaient perdu « leur place,... ils conduisaient l'omnibus hier « pour la dernière fois. » En entendant ce récit, ma reconnaissance envers la très sainte Trinité a encore redoublé.

« M. et Mme de Brignoles ont pris pour 200

francs de billets à ma loterie et m'ont encore donné des lots. Le soir, M. l'ambassadeur avait la bonté de me mener dans sa voiture chez des personnes qui prenaient des billets ou me promettaient des lots; il me reconduisait ensuite à mon domicile.

« Le moment est venu de tirer la loterie, le tirage devait se faire chez Mgr de Janson ; mais il venait de mourir en voyage. Son frère, le marquis de Janson, m'écrivit la veille du jour fixé pour le tirage qu'il ne permettait pas de tirer cette loterie chez lui. Je suis courue chez l'ambassadeur, pour lui montrer la lettre. Il m'a dit : « Soyez sans inquiétude, je vais chez le marquis ; attendez-moi ici. »

« Il a dit au marquis de Janson : « La « loterie de Mlle Guittaud doit se tirer chez « Mgr votre frère, c'est imprimé sur les bil- « lets : ce n'est pas à la veille d'un tirage « qu'on peut refuser cette permission. Si vous « persistez, je vais faire afficher sur votre « porte et aux portes de toutes les églises que « vous avez refusé de laisser tirer la loterie « chez Monseigneur, ainsi que cela avait été « promis. »

« Le marquis n'a pas insisté et l'a prié de
me dire que le palais de Monseigneur serait
à ma disposition le lendemain, depuis le
matin jusqu'au soir. A cette réponse, j'ai fait
porter au palais tous les objets que j'avais
reçus. Le lendemain, à une heure, une société
nombreuse y était réunie. Il y avait 460 lots.
Tout s'y est bien passé. M. et Mme de Janson
y assistaient et avaient même donné un fort
beau lot. Trois mille billets avaient été placés,
mais ce n'était pas sans peine.

« J'étais bien contente d'être débarrassée
de ma loterie. J'ai prié une dame de faire
une quête dans sa paroisse à Saint-Louis
d'Antin. Elle l'a faite après le sermon de
M. le curé ; elle a produit 257 francs.

« J'ai prié l'ambassadeur de demander à
Mgr l'archevêque de Paris la permission de
faire une quête à Saint-Roch, qui est l'église
de la cour. Monseigneur me l'a permis. Voici
la lettre que m'écrivit à ce sujet M. le marquis de Brignoles :

« L'ambassadeur du roi présente ses com-
« pliments à Mlle Guittaud et s'empresse de
« lui communiquer la lettre ci-jointe de

« Mgr l'archevêque de Paris, qui a bien voulu
« accorder la permission de faire une quête
« dans l'église de Saint-Roch en faveur du
« charitable établissement qu'elle a fondé à
« Chambéry.

« Paris, le 6 mars 1844. »

« Je suis allée demander à M. le curé de
Saint-Roch le jour où il permettrait de prêcher. Il m'a dit : « Quand vous aurez un
« prédicateur en renom, vous viendrez m'en
« parler. » C'était au commencement du
carême.

« Tous les curés me désignaient Mgr Dupanloup ; il est de la Savoie, me disait-on, il
peut bien prêcher pour une œuvre de son
pays. Je suis allée le supplier de se charger
de ce sermon de charité. Il m'a promis de le
faire un jour de carême. Je suis revenue le
voir plusieurs fois, il avait toujours à prêcher
pour des œuvres de Paris. Nous sommes
arrivés ainsi au mercredi de la Semaine
Sainte,... il m'a dit alors qu'il prêcherait le
Vendredi-Saint, ajoutant : « Vous n'y perdrez
rien, les quêtes sont bonnes ce jour-là. »

« Le Jeudi-Saint, je suis allée parler à

M. le curé de Saint-Roch, lui indiquer l'heure convenue pour le sermon du lendemain. Il m'a dit : « Madame, il est bien fâcheux que « vous ne soyez pas princesse : voilà une « lettre que je reçois de Mgr Dupanloup, il « me dit qu'il prêche demain pour la prin- « cesse de Beaufremont. » Je suis allée lui demander de fixer un autre jour, je ne l'ai pas rencontré. Je lui ai écrit que je n'avais que lui pour prêcher le Vendredi-Saint,... il m'a renvoyé ma lettre, sur laquelle il avait écrit : « Je ne peux pas me tuer pour vous ! »

« En ce moment, j'ai pensé à M. Comballot qui prêchait le carême à Versailles. Je suis aussitôt montée en vagon pour aller le voir ; je l'ai supplié de faire un sermon à Saint-Roch, le jour qu'il pourrait. Il m'a répondu : « Eh ! bien, mon enfant, je vous promets de « prêcher pour vous le mardi après Pâques, « à une heure et demie. »

« Quand j'ai rapporté cette démarche a M. le curé de Saint-Roch, il m'a dit : « Impru- « dente, qu'avez-vous fait ? Je ne veux pas « que M. Comballot prêche dans mon église ; « tout le monde s'y porterait pour l'entendre.

« Ne lisez-vous pas les journaux ? Il vient
« d'être condamné à 3,000 francs d'amende
« pour avoir parlé en chaire des affaires poli-
« tiques. C'est fâcheux pour vous, Madame,
« vous auriez fait plus de 10,000 francs. Cher-
« chez un autre prédicateur en renom. »

« J'ai prié Saint Joseph : il pleuvait à tor-
rents, j'étais sur le trottoir de la rue de l'Uni-
versité,... j'ai vu venir un prêtre,... je lui ai
demandé où je pourrais trouver un prédicateur pour une quête. Il m'a répondu : « Il y
« a M. le chanoine Bautain, de Strasbourg, qui
« doit prêcher demain à une lieue d'ici ! Allez
« le demander, si vous ne le trouvez pas,
« vous irez chez M. de Ratisbonne, rue Van-
« neau, 29 *bis* ; c'est là qu'il loge quand il est
« à Paris. »

« Je suis allée aussitôt chez M. de Ratisbonne ; c'est lui-même qui m'a ouvert et m'a
envoyée chez les Sœurs de la Charité de la
rue de Plumet, où se trouvait en ce moment
M. Bautain. Je lui ai parlé, il a accepté fort
gracieusement de prêcher le mardi, à une
heure et demie après midi, ajoutant : « Ma-
« dame, faites préparer des affiches que vous

« ferez apposer à la porte de toutes les églises,
« de toutes les chapelles de Paris. Cherchez
« huit dames quêteuses ; à l'ambassade, on
« vous aidera. Je dois prêcher lundi à Stras-
« bourg ; mais en passant la nuit en diligence,
« je serai le mardi à Paris. Avertissez M. le
« curé Morel que je monterai en chaire dans
« son église mardi. »

« Pensant qu'il aurait des dépenses à faire
pour aller et retour de Strasbourg, je lui ai
remis 100 francs pour une messe selon mes
intentions.

« Je suis allée à Saint-Roch où M. le curé
a été fort content du succès de mes démarches. Il m'a demandé 80 francs pour frais de
culte, suivant le tarif fixé pour les quêtes.
Je les lui ai donnés. Après tant de courses,
tant d'émotions, je n'en pouvais plus de fatigues. Je suis rentrée au couvent où j'ai trouvé
la lettre suivante :

« Mademoiselle,

« Je ne me suis aperçu que plusieurs heures
« après votre départ de ce que contenait le
« papier que vous m'avez remis. J'ai pensé

« que vous aviez l'intention de payer mes
« frais de voyage. Je retiendrai 20 francs sur
« la somme en question, et j'ai prié M. l'abbé
« de Ratisbonne de vous rendre le reste pour
« votre œuvre. Vous l'accepterez pour vos
« pauvres enfants, et comme supplément au
« produit de la quête du sermon, etc.

« L. BAUTAIN. »

« Le marquis et la marquise de Brignoles
ont été très heureux du résultat que j'avais
obtenu. Ils m'ont dit que Sa Majesté aime
beaucoup à entendre prêcher M. Bautain...
« Ecrivez à la reine Marie-Amélie pour l'enga-
« ger à assister à votre sermon dans l'église de
« Saint-Roch, c'est sa paroisse. » Je lui ai écrit
une lettre où je lui ai parlé de son auguste
sœur la reine Marie-Christine qui m'avait fait
un don pour cette œuvre. Sa Majesté a
adressé à Mme de Brignoles une réponse si
belle, si touchante qu'elle a voulu garder la
lettre.

« La dame d'honneur de la reine est venue
s'entendre avec la marquise de Brignoles sur
le choix des dames quêteuses. Elles ont exigé

que je fusse du nombre avec les sept autres
dames. J'ai fait imprimer les affiches. Mme la
marquise est allée aux missions étrangères
prier Mgr de Murad, archevêque de Laodicée,
de donner la bénédiction après le sermon.
Voici la copie de sa lettre :

« Vous désirez, Madame, que Mgr de Murad,
« archevêque de Laodicée, donne la bénédic-
« tion après le sermon. Je lui en ai parlé. Il
« a eu la bonté de me dire qu'il est tout
« disposé à le faire. Il faudrait donc que
« vous allassiez le chercher aux missions
« étrangères pour voir s'il est toujours dans
« les mêmes bonnes dispositions pour vous :
« ceci étant, je crois qu'il serait bien de le
« faire ajouter dans vos billets, afin d'avoir
« le plus de monde. Faites-vous annoncer à
« Monseigneur de ma part.
« Recevez l'expression de mes sentiments
« d'estime et d'attachement.
« Paris, 26 mars.
« M^{ise} DE BRIGNOLES-SALES. »

« Le mardi de Pâques, il y avait à la même
heure soixante-quatre sermons de charité,

tant dans les églises que dans les chapelles
des communautés. Malgré cela, nous avons
reçu 1,578 fr. 60 en un quart d'heure. Il y
avait S. M. la reine, les dames d'honneur,
deux princesses. Sa Majesté m'a envoyé le
lendemain 150 fr., et plusieurs dames m'ont
envoyé aussi leur offrande qui a fait 2,000 fr.
et plus. »

*
* *

M. le chanoine Revel lui écrivait à la date du
17 avril 1844 :

> « Mademoiselle et chère Fille
> « en Notre Seigneur,

> « Les mouvements de votre zèle charitable
> « m'avaient été annoncés par les journaux ;
> « mais ce que vous m'en dites dans votre
> « bonne lettre me touche d'une manière bien
> « sensible. Il faut que la Mère des douleurs,
> « la Mère de miséricorde et d'amour soit bien
> « avec vous, qu'elle vous fortifie, vous encou-
> « rage pour qu'au milieu de tant de contra-
> « dictions vous puissiez faire encore quelque
> « récolte. Ma petite *fourmi* bien humble,

« bien diligente, viendra à bout de faire son
« petit butin, elle formera peu à peu sa
« Maison, et le bon Pasteur la bénira.

« J'ai reçu avec votre excellente lettre l'effet
« de M. Pillet, pour 2,000 francs que vous lui
« avez remis. Cela nous vient bien à propos
« pour payer un bon à-compte de nos répa-
« rations. Ce carême, Monseigneur ayant
« accordé la permission générale de faire
« gras, a recommandé, en compensation, de
« faire des aumônes aux pauvres et a indiqué
« surtout le Bon-Pasteur. Cela nous a valu
« plus de 800 francs.

« Vous avez été bien contrariée dans votre
« plan pour le choix du prédicateur du ser-
« mon de charité que vous avez pu obtenir.
« Hélas ! mon enfant, il semble que la Provi-
« dence, qui veut que nous agissions et que
« nous fassions tout ce qui dépend de nous,
« se plaît à déconcerter nos plans, pour se
« réserver, comme de justice, toute la gloire
« du succès. Bénissons Dieu de tout notre
« cœur, adorons la sagesse de ses desseins ;
« car il n'agit que pour sa plus grande gloire.
« Il est bien sûr que si nous ne nous lassons

« pas, ce bon Pasteur ne se laissera pas
« vaincre en générosité. Il faut qu'il ait
« toujours le dessus.

« Et nous aussi, mon enfant, nous avons
« eu notre déboire, j'avais péniblement éla-
« boré un projet de loterie pour nos deux
« maisons d'Hautebise. Notre archevêque
« l'avait envoyé au ministre pour obtenir
« l'autorisation du roi. Cette autorisation
« nous a été refusée, parce que le roi avait
« déjà autorisé une loterie pour un hospice
« de mendicité à Turin. Nous pensons revenir
« à la charge l'hiver prochain. Je pense qu'il
« faudra que vous fassiez pour cela le voyage
« de Turin en octobre ou novembre. En
« attendant, je fais faire quelques réparations
« aux deux maisons pour pouvoir les louer.
« On les avait laissées dans un état affreux.
« Je vous remercie bien de m'avoir agrégé
« à l'archiconfrérie. Voilà vraiment la source
« des trésors.

« Vous trouverez à Lyon une lettre de moi
« *poste restante*, faites-la réclamer ; elle
« vous dira ce que pense M. Desgeorges de
« vos quêtes à Lyon et les adresses. Je vous

« renouvelle l'assurance des tendres et res-
« pectueux sentiments avec lesquels je suis
« Votre bien affectionné serviteur,

« REVEL, *vicaire général.* »

« J'ai quitté Paris le 28 avril 1844, pour
aller à Lyon, où j'ai trouvé la lettre de M. le
chanoine Revel. Il avait prié M. Desgeorges
de me donner quelques adresses. J'ai été
présentée à quelques personnes riches, de
qui j'ai reçu 430 francs. Je suis enfin revenue
à Chambéry, où j'ai remis à M. Revel 4,469
francs 20, que j'avais recueillis à Paris, outre
les 2,000 déjà reçus et les 430 de Lyon. »

CHAPITRE X

NOUVELLE QUÊTE A TURIN

« Au mois de septembre 1844, je suis retournée à Turin pour faire la quête. Lorsque
je suis montée dans le compartiment de l'intérieur du courrier, un prêtre y est monté
avec moi. Après un instant, il m'a dit :
« Mademoiselle, j'avais pris une place de
« coupé ; mais, ayant vu que vous étiez dans
« l'intérieur, j'ai échangé ma place de coupé
« pour voyager avec vous. Vous venez de
« Paris, ayez la bonté de me raconter votre
« voyage. »

« Je lui ai raconté ce qui m'était arrivé :
il a repris : « Eh ! bien, Mademoiselle, je suis
« tout dévoué à votre œuvre, je connais un

« monsieur qui veut distribuer 45,000 francs
« en bonnes œuvres. Je lui parlerai de la
« vôtre; il vous enverra une somme. » Je l'ai
prié, dans ce cas, d'adresser l'argent à Mgr
l'archevêque de Chambéry. J'ai pensé alors à
la prédiction du curé d'Ars qui m'avait dit
que, en racontant mon voyage de Paris, au
moment où je m'y attendrais le moins, j'aurais plus d'argent que je n'en aurais recueilli
à Paris.

« A Turin, S. M. le roi m'a envoyé	300 fr.
— S. M. la reine	300 »
« La duchesse Adélaïde de Savoie	300 »
« Les demoiselles de La Pierre, chacune 100 fr..................	300 »
« La marquise de Barol..........	400 »
« Le comte Solar de La Marguerite	100 »
« Le comte Massimien..........	100 »
« Le comte Colobiano..........	100 »
« La comtesse d'Andezeno.......	100 »
« La marquise de Roussi	100 »
« Le marquis Colobiano.........	100 »
« La comtesse Calvi.............	2.000 »

A reporter.... 4.200 fr.

Report.... 4.200 fr.

« La comtesse Grimaldi et la marquise Scati..................   100   »
« Diverses autres personnes ont
apporté chez M. Giomini leurs
offrandes montant à..........   900   »

« Total............ 5.200 fr.

« Je transcris ici quelques lettres que j'ai
reçues de M. Revel pendant mon séjour à
Turin :

« Chambéry, 30 septembre 1884.

« Mademoiselle et chère Fille
« en Notre Seigneur,

« Je m'empresse de vous annoncer, par le
« courrier de ce jour, que Mᵍʳ l'archevêque
« adresse de nouveau sa demande pour la
« loterie à M. *le ministre des finances* et
« non au ministre de l'intérieur. Le ministre
« des finances est M. le comte Thaon de
« Revel ; je pense qu'il vous sera facile par
« Mᵐᵉ de Barol d'arriver jusqu'à lui. Il est
« parent, je crois, avec Mᵐᵉ la comtesse
« Casazza, femme de notre ancien gouver-

« neur. Voyez aussi s'il ne serait pas le cas
« d'en parler à M. de La Marguerite, ministre
« des affaires étrangères. Quoi qu'en dise
« Mlle de La Pierre, je crois qu'il prendra
« intérêt à cette affaire. Mettez la chose sous
« la protection de la Sainte Vierge à la Con-
« solà, et tout ira bien. Voilà le moment
« important,... il faut que la fourmi se mette
« à trotter et ne s'arrête que quand le nid
« sera fait. Mon Dieu ! combien je vous ac-
« compagne de mes vœux, de mes prières, de
« mon intérêt. Ayons confiance ! C'est l'œu-
« vre de Dieu, il continuera de la bénir. Je
« ne désire pas des richesses pour cette
« maison. Dieu l'en préserve ! mais qu'elle
« n'ait pas de dettes et que nous puissions
« achever la clôture.

« Voyez ce qu'il y aurait à faire pour obte-
« nir du ministère une décision favorable ;
« tout dépend de là. Insistez surtout à faire
« valoir que notre loterie n'est pas une spé-
« culation, que nous ne voulons obtenir que
« la somme dépensée pour l'acquisition et
« rentrer dans nos fonds. Si nous vendions,
« ce ne serait qu'à perte, à cause qu'on nous

« verrait forcés de vendre. Il faudrait bien
« aussi que le gouvernement ne prit rien pour
« ses droits. Enfin, agissez pour le mieux. Si
« M. de Revel savait que je porte le même
« nom que lui, peut-être exaucerait-il une
« prière que je lui ferais bien humblement ;
« c'est là une plaisanterie ! Ce qui vaut mieux,
« c'est de prier Marie d'incliner son cœur à
« dire oui.

« Dites pour moi un *Ave Maria* à la Con-
« solà, j'en ai grand besoin. Je ne vous oublie
« pas dans mes prières.

« Votre très humble et très affectionné
« serviteur en Notre Seigneur,

« Revel. »

*
* *

« Chambéry, 24 octobre 1844.

« Mademoiselle et chère Fille
« en Notre Seigneur,

« A mon retour d'Arbin, Mgr l'archevêque
« m'a fait part de la réponse de M. de Revel,
« ministre des finances, au sujet de la de-
« mande d'autorisation pour la loterie de nos

« deux maisons. Le ministre lui répond :
« 1° Que cette autorisation ne peut pas être
« accordée ; 2° qu'il prend note de la demande
« néanmoins, pour que, en son temps, elle
« puisse être mise sous les yeux de Sa Ma-
« jesté ; 3° qu'il ne sera pas possible d'obte-
« nir l'exemption du droit qui revient aux
« finances d'après la loi ; c'est un dixième,
« c'est-à-dire 3,000 livres sur 30,000, ainsi
« de suite.

« M⁏ˢʳ l'archevêque penserait bien revenir à
« la charge, mais auparavant, nous désire-
« rions savoir ce que vous avez pu faire
« depuis que vous êtes à Turin. Avez-vous vu
« le ministre ? Ce serait le moment de faire
« de vives instances et d'en faire faire par des
« personnes influentes. Nous prions bien ici
« pour le succès. Priez bien de votre côté.
« Il faut absolument que Notre-Dame de la
« Consolà nous accorde cette grâce. Tous
« les jours, nous reconnaissons de graves in-
« convénients de ce que la clôture n'est pas
« achevée. Et puis où prendre pour payer les
« 31,000 livres de notre acquisition ? Oh !
« oui, j'espère bien que le bon Dieu viendra

« à notre secours, puisque c'est son œuvre ;
« mais, de notre côté, faisons tout ce que
« nous pouvons pour aider l'action de la
« Providence, qui exige notre concours. Ne
« nous lassons pas et comptons sur elle.

« J'ai bien souffert depuis vous ; mais me
« voilà mieux depuis six jours et je commence
« à m'occuper. En continuant à me recom-
« mander à vos prières, je vous renouvelle
« l'assurance de mes affectueux et respec-
« tueux sentiments.

« Votre bien dévoué en Notre Seigneur,

« REVEL, *vicaire général.* »

****

« Chambéry, 14 décembre 1844.

« Mademoiselle et chère Fille
« en Notre Seigneur,

« Voilà bien du retard à répondre à votre
« lettre du 3 de ce mois; mais j'étais, il y a
« quelques jours, incapable d'écrire par suite
« de mon indisposition qui était revenue.
« Depuis lundi, je suis mieux, et dès lors je
« commence à reprendre mes occupations.

« Dans vos deux lettres, vous ne me parlez
« point de M. Duc, l'héritier de M. d'Allinges.
« Je sais bien, qu'il y a deux ans, vous ne
« pûtes arriver jusqu'à lui ; mais alors il
« était accablé de demandes de Savoie. Quel-
« que répugnance que vous éprouviez à faire
« une nouvelle tentative, allez-y sur ma
« parole avec confiance. Dieu bénira votre
« démarche ; quelque chose me dit qu'elle ne
« sera pas infructueuse. Du haut du ciel,
« M. d'Allinges, qui aimait cette œuvre et qui
« avait promis de la soutenir, secondera nos
« efforts. Mais avant d'aller chez M. Duc,
« passez à la Consolà, vous jeter aux pieds
« de Marie.

« Je remercie le bon Dieu du petit cadeau
« que vous a fait la reine Marie-Christine
« pour le Bon-Pasteur. Je ne m'y attendais
« pas. Il ne faut pas que la petite fourmi se
« lasse de trotter et de butiner ; elle finira
« par remplir son grenier, et alors elle se
« reposera. Oh ! je ne suis point jaloux que
« d'autres quêtent aussi pour des bonnes
« œuvres ; tant mieux ! il y a pour tous dans
« les trésors de la Providence. C'est une

« preuve que la charité règne dans beaucoup
« d'âmes, il faut en louer Dieu et s'en réjouir.
« Non seulement donc il ne faut pas se décou-
« rager à cause de cette concurrence, mais se
« piquer d'émulation pour faire aussi bien
« que les autres. Dieu n'a pas besoin de
« nous, sans doute, il pourrait bien nous
« tirer de suite d'embarras ; mais ce n'est
« pas la marche ordinaire de sa Providence.
« Il veut que nous agissions, que nous trot-
« tions, que nous ne négligions rien pour
« réussir. Mais le succès, il se le réserve et
« souvent il est le résultat d'une démarche à
« laquelle nous n'avions attaché aucune im-
« portance ; tant il est vrai que nous ne
« sommes que des serviteurs inutiles. Qui
« sait si vos fleurs des Madeleines ne se
« seront pas converties en pièces d'or ! Marie
« n'est-elle pas toute puissante et ne plaçons-
« nous pas en elle toute notre confiance ?

« A propos, ne pourriez-vous pas faire
« demander quelque chose au roi par Mme la
« marquise d'Arvillard, qui est si bonne !
« surtout n'oubliez pas M. Duc !

« La Sœur Saint-Ambroise a été appelée à

« Lyon et a été remplacée. Tout va bien
« dans la Maison, où il y a assez d'ouvrage.
« J'espère même que, dans le courant de
« l'année, elles pourront arriver à un ouvrage
« dont le profit sera assuré et constant.

« Je vous donnerai la nouvelle que Mme Ba-
« voux, ancienne religieuse, est décédée, il y
« a quelques jours. Elle a fait un legs de
« 300 francs à la Propagation de la Foi. Je la
« recommande à vos prières.

« Recevez la nouvelle et sincère assurance
« de mon dévouement en Notre Seigneur,

« REVEL, vicaire général. »

*
* *

Quelques mois plus tard, Mlle Guittaud rece-
vait cette lettre de l'ecclésiastique qui avait fait
avec elle le voyage de Turin, et qui n'était autre
que M. Magnien, mort depuis évêque d'Annecy.

« Turin, 11 avril 1845.

« Mademoiselle,

« Je suis heureux de pouvoir vous dire que
« la personne qui avait manifesté de si bon-

« nes dispositions pour l'établissement pour
« lequel le bon Dieu vous a inspiré un dé-
« vouement sans bornes, a commencé à les
« réaliser en partie. J'ai mandé à cette fin, il
« y a quelques semaines, à M⁹ʳ l'archevêque,
« et il a reçu un bon sur la trésorerie de
« Chambéry de près de 10,000 francs. Le
« reste viendra plus tard et aussi par parties
« brisées. Je ne serai plus à Turin alors,
« car je dois rentrer dans mon diocèse dans
« le courant de cet été, mais vous savez mieux
« que moi que la Providence n'a besoin de
« personne. Priez-la seulement avec moi,
« Mademoiselle, qu'elle veuille bien vous
« ménager l'accomplissement de cette bonne
« œuvre, et son succès vous sera garanti.

« Ayez la bonté de penser un peu souvent
« devant Dieu à celui qui appelle sur vous et
« sur votre œuvre ses plus abondantes béné-
« dictions, et qui est bien aise de cette occa-
« sion de vous exprimer les sentiments de
« haute estime, de respect, de religieux
« dévouement avec lesquels, etc., etc.

« L'Abbé MAGNIEN. »

CHAPITRE XI

NOUVELLES ANECDOTES

A l'année 1844 s'arrêtent les mémoires auto-biographiques qui ont formé la base de notre récit. Depuis cette époque, nous n'avons plus que des traits épars, de rares épisodes que nous essaierons de résumer brièvement.

Mlle Guittaud est âgée de cinquante ans, elle a réussi à fonder les deux œuvres charitables auxquelles elle a consacré sa vie. Les prisons de Chambéry sont confiées à la direction des Sœurs de Charité ; les pauvres filles égarées sont recueillies et installées au Bon-Pasteur. Il reste cependant beaucoup à faire pour payer les dettes et assurer la subsistance journalière de cette dernière institution.

Avant de la suivre dans cette tâche, je veux réunir ici quelques traits de son apostolat charitable. Comme le chasseur, elle est toujours à l'affût pour découvrir des âmes à sauver. Par un long exercice, elle a appris à les reconnaître au premier coup d'œil et sait le moyen de les saisir, de les arracher au danger, de les sauver malgré elles. Comme son nom et son zèle sont connus, de tous côtés on recourt à son assistance ; on la trouve toujours prête à se dévouer.

Je cite quelques traits seulement.

Elle revenait de quêter à Genève et suivait, seule, la route qui conduit de Thorens à la Verrerie. Laissons-lui la parole :

« J'ai vu, dit-elle, une jeune fille, je me suis arrêtée à causer avec elle, je lui ai demandé plusieurs choses. Comme elle rougissait en me parlant, je lui ai dit : « Ma fille, « vous ne vous confessez pas, vous êtes en

« état de péché. » Elle m'a regardée et m'a
dit : « Oh ! Madame, vous me faites peur !
« Êtes-vous la Sainte Vierge, vous qui savez
« tous mes péchés. » Je lui ai répondu :
« Dieu les sait vos péchés, je n'ai pas besoin
« de vous les dire, vous les savez. » J'avais
un air peiné ; elle a cru que je savais tout...
et m'a dit, en pleurant, l'état affreux de sa
conscience. Il y avait deux ans qu'elle ne
s'était pas confessée... Nous n'étions pas loin
d'une église ; je l'y ai entraînée, elle était
toute tremblante. Je l'ai menée chez M. le
curé, à qui j'ai raconté notre entretien sur la
route. Le curé lui a dit : « Allons, ma pauvre
« fille, profitez de la grâce que le bon Dieu
« vous a faite de rencontrer cette dame.
« Venez vous confesser, courage ! » Je l'ai
conduite à l'église et je n'en suis sortie que
quand la jeune fille a eu commencé sa confession. J'ai appris plus tard qu'elle s'était
convertie, j'en ai bien remercié le bon Dieu. »

*
* *

Mlle Guittaud était jeune encore quand elle
connut une pauvre enfant, bien digne d'intérêt.

Son père, employé des postes, était resté veuf après deux ans de mariage ; il n'avait pas d'autre enfant que la petite Louise, qu'il avait confiée à une voisine pour l'élever. Cette pauvre petite ne voyait que fort rarement son père, qui passait sa vie sur les grandes routes. Elle était intelligente et d'une remarquable beauté. Ses espiègleries la faisaient rechercher par des enfants de son âge ; un peu abandonnée de son père et de sa surveillante, elle ne tarda pas à contracter de déplorables habitudes.

Ce fut alors que la Providence la signala à Mlle Guittaud ; elle n'avait que huit ans, ne savait ni lire, ni prier. Mlle Guittaud obtint du père l'autorisation de se charger de l'éducation de la pauvre enfant ; elle la plaça, à ses frais, dans une maison où, grâce à ses talents naturels, elle ne tarda pas à s'instruire et à se faire aimer.

Malheureusement, le père ne persévéra pas longtemps dans ses bonnes dispositions. Il vint un jour, furieux, chez Mlle Guittaud, lui réclama sa fille en lui laissant mille injures et mille reproches pour toute récompense.

L'ingratitude n'était rien pour la charitable bienfaitrice ; mais son cœur était brisé quand elle songeait à l'avenir de cette pauvre enfant, qui allait se trouver exposée seule à tant de dangers.

Le père la plaça dans une maison de commerce, où elle ne tarda pas à s'engager dans une liaison funeste à sa vertu, puis à mener une vie fort aventureuse. Mlle Guittaud cherchait depuis longtemps sa brebis égarée ; enfin, elle la rencontra, la pressa avec une autorité si douce et si maternelle qu'elle la força à rentrer en elle-même. Elle obtint de lui faire régulariser sa situation par un mariage chrétien. La pauvre convertie alla se fixer à Paris avec son mari, ouvrit un restaurant qui prospéra et leur assura une honnête aisance.

Vingt-trois ans plus tard, ils venaient à Chambéry frapper à la porte de Mlle Guittaud et se jeter dans ses bras. Celle-ci, ne les reconnaissant pas, demandait leur nom.... Pour toute réponse, la visiteuse se jetait à ses genoux et lui baisait les pieds en lui disant : « Ah ! laissez-

moi vous embrasser comme vous le méritez.
C'est à vous que je dois tout en ce monde, »
et elle se mit à sangloter.

Le mari attendri lui dit à son tour : « Mademoiselle, c'est aussi pour moi, depuis fort longtemps, un besoin de vous exprimer ma vive
reconnaissance : si j'ai une femme excellente,
des enfants charmants, c'est à vous que je le
dois... J'espère, un jour, vous les faire con-
naitre et je désire que vous les bénissiez. En
attendant, je vous prie de recevoir ce faible
hommage de ma reconnaissance pour une de
vos bonnes œuvres, » et il lui remit un écrin
renfermant 5,000 francs.

Ce monsieur était si bien, si réservé, qu'il
n'osait pas lui toucher la main; mais elle lui
tendit la sienne, en disant : « A notre âge, ne
peut-on pas se donner une poignée de main ! »

La dame continuait de lui ouvrir son cœur :
« Je ne croyais pas, je n'aurais jamais cru
qu'une mère fut si heureuse dans ses enfants !
J'en ai trois : deux sont religieuses, mon fils
prendra notre succession. Ils sont si gentils sous

tous les rapports, si pieux surtout, que je ne puis me rassasier de les voir et de penser à eux. Mademoiselle, ne viendrez-vous pas les voir? Je leur ai souvent parlé de vous, surtout à mes deux petites cornettes. Ce ne sont pas seulement pour moi des enfants, ce sont des amies intimes. Je leur ai raconté toute ma vie! Oh! Mademoiselle, elles désirent tant vous connaître... elles pensent que c'est aussi de vous qu'elles tiennent leur vocation. C'est bien vrai aussi. Que de fois je leur ai dit ce que vous m'avez tant rappelé à moi-même.... Hélas! combien j'étais malheureuse, quand je me suis laissé flatter. Surtout depuis que j'avais été prise comme figurante au théâtre, je me laissais enivrer par les paroles flatteuses qui m'étaient adressées,... et pourtant ma conscience réprouvait tout cela. »

Mlle Guittaud s'efforçait de détourner la conversation, craignant que ces souvenirs ne fussent pénibles au mari ; mais lui-même la rassurait, lui disant qu'il avait toujours plaisir à entendre ce récit.

Voici un autre trait raconté par Mlle Guittaud :

« Un jour, dit-elle, Monseigneur me fit appeler et me dit : « Je voudrais que vous « fissiez entrer au Bon-Pasteur une jeune « fille, qui demeure vis-à-vis. Je la vois sou- « vent à sa fenêtre... Je payerai sa pension « pendant un an.... Allez la chercher. »

« Je suis allée frapper à sa porte, vers une heure et demie après midi. Elle est venue m'ouvrir elle-même et m'a demandé si je n'étais pas Mme Guittaud... Elle m'a donné son nom : Joséphine X....

« Vous avez un saint patron, lui ai-je dit, « recommandez-vous à lui, il vous proté- « gera. »

« Il y avait un militaire dans sa chambre ; j'ai demandé à lui parler à elle, seule à seule. Elle m'a conduite dans une chambre voisine où il n'y avait personne. Je lui ai dit alors : « Joséphine, venez avec moi au Bon-Pasteur, « vous apprendrez à travailler et vous vous « sauverez... car vous vous perdez dans le « monde... » Elle s'est mise à pleurer et se disposait à me suivre.

« J'avais entendu le militaire sortir de
la chambre ; et, en ce moment, il y rentrait
avec un grand bruit... Elle a pâli ! de grosses
larmes coulaient sur ses joues. Elle me dit :
« Nous sommes perdues ! c'est le militaire
« que vous avez vu qui est allé en chercher
« d'autres pour vous empêcher de m'emme-
« ner ! » Je lui ai dit : « Soyez tranquille :
« c'est moi qui me charge de leur parler. »
Trois militaires sont entrés ; l'un d'eux avait
l'air d'un furieux, allant, venant dans la
chambre, sans oser m'adresser la parole.
Enfin, il a parlé à voix basse aux deux autres,
qui sont sortis ; lui, il s'est assis sur la table,
a mis la main sur la malle qui contenait les
effets de Joséphine, en lui disant : « José-
« phine, où vas-tu avec cette dame ? » Comme
elle avoua qu'elle allait au Bon-Pasteur :
« Non, dit-il, n'y va pas : rien ne te man-
« que ici,... n'y va pas ! »

« Alors je me suis avancée vers lui : « Mon-
« sieur, êtes-vous chrétien ? — Oui, Madame,
« je suis chrétien. — Oh ! vous n'agissez pas
« en chrétien, en empêchant cette demoiselle
« d'aller au Bon-Pasteur pour se convertir !

« Quand vous serez à l'heure de la mort, que
« voudriez-vous avoir fait ? Le moment arri-
« vera plus tôt que vous ne pensez. Après la
« mort, le jugement ! Dieu vous demandera
« compte des âmes que vous aurez perdues !
« Les jugements de Dieu sont terribles ! »

« Il s'est levé et a dit, les larmes aux yeux :
« Oui, Madame, les jugements de Dieu sont
« terribles. Hélas ! je voudrais, à l'heure de
« la mort, être domestique dans un pauvre
« monastère. » Je lui ai dit : « Remerciez
« Dieu, vous parlez maintenant comme un
« bon chrétien. »

« Il a dit à Joséphine : « Va avec cette
« dame au Bon-Pasteur, fais tout ce qu'elle
« te dira. Dans quelques mois, j'aurai mon
« congé, je t'épouserai. » C'est ce qu'il a fait
quelques mois plus tard ; le mariage a été
béni à l'église de Notre-Dame.

« Mgr l'archevêque a été si content, qu'il a
voulu me donner sa belle montre à répétition
en me disant : « Vous en ferez une loterie
pour le Bon-Pasteur. » Je refusais de la
prendre ; mais il a insisté. J'ai organisé une
loterie et ai placé 650 billets à un franc. C'est

Mlle de La Pierre qui a gagné la montre ; elle a donné, par reconnaissance, la somme de 2,000 francs au Bon-Pasteur. »

C'était en l'année 1861. Nous trouvons, en effet, une lettre du 11 mai 1861, de M. Dépommier, vicaire général, qui avait remplacé M. Revel dans la direction du Bon-Pasteur. Elle est adressée à Mlle Guittaud et conçue en ces termes :

« Mademoiselle,

« Je m'empresse de vous adresser le reçu
« de l'importante et généreuse libéralité qui
« nous arrive de la part de Mlle de La Pierre.
« C'est par vous et à cause de vous, Made-
« moiselle, que ce bienfait vient au secours
« de notre pauvre et chère Maison du Bon-
« Pasteur, dont vous êtes la providence visi-
« ble. Vous serez mieux inspirée que tout
« autre pour exprimer, à Mlle Sophie, notre
« religieuse gratitude. Que le Ciel vous rende
« à vous-même le centuple promis dans
« l'Évangile. Pour solliciter les grâces sur la
« famille de La Pierre, je me propose de dire
« la messe, à ses intentions, tous les pre-

« miers samedis du mois, jusqu'à la fin de
« l'année.

« Agréez mes respectueux compliments.
    « DÉPOMMIER, *vic. gén.* »

Mlle Guittaud ne cessait, on le voit, de quêter,
d'organiser des loteries, pour venir en aide à la
Maison du Bon-Pasteur. Un jour, elle mit en
loterie sa propre pendule : une belle pendule
de Boule du XVIIe siècle, par Vitrolles, à Paris.
Elle orne encore un salon, à Grenoble, où on la
conserve précieusement et où elle attirera les
bénédictions du Ciel.

Encore un trait raconté par Mlle Guittaud :

« Un jour, on est venu me dire qu'une
jeune personne avait été enlevée de chez ses
parents, qui ne savaient pas où elle était. On
ajoutait : « Si vous voulez la mener au Bon-
Pasteur, je vous dirai où elle est cachée. »
On me fit connaître son logement et même
l'heure où je la trouverais seule. Je suis allée
la chercher, je l'ai engagée à venir avec moi
au Bon-Pasteur, après lui avoir fait com-

prendre le danger auquel elle était exposée, lui promettant de la ramener, après quelque temps, chez ses parents. Elle a consenti à venir avec moi. Dans la crainte de rencontrer quelqu'un dans la rue, je lui ai mis un chapeau avec un voile sur la tête, un grand châle sur les épaules, et, lui donnant le bras, je l'ai conduite au Bon-Pasteur. Heureusement qu'elle était déguisée, nous avons rencontré le malheureux qui l'avait enlevée, il ne l'a pas reconnue. Elle a passé trois semaines au Bon-Pasteur, je l'ai ramenée ensuite à ses parents. Elle a persévéré dans ses bonnes dispositions. Elle est sauvée. »

Un soir, vers minuit, Mlle Guittaud entend sonner à sa porte ; elle va ouvrir et voit un jeune homme, élégamment habillé, qui insiste pour entrer. Elle le repousse, veut fermer sa porte ; mais il insiste. « Oh ! Mademoiselle, si vous saviez, vous me laisseriez entrer ; je suis une malheureuse fille déguisée... dans un moment d'égarement, je me suis laissée enlever...

J'ai quitté ce matin, sous ce costume, le domicile de mes parents ; mais, j'ai réfléchi... j'ai compris l'étendue de ma faute... Je me suis échappée, je suis venue chez vous. Vous seule pouvez me sauver ! sans vous je suis perdue, déshonorée. » Il n'y avait pas à hésiter, Mlle Guittaud accueille la malheureuse fugitive, la cache chez elle pour la soustraire aux recherches de son séducteur, se met en rapports avec les parents et la ramène à sa famille, sans que personne ait eu connaissance de cette dangereuse équipée. La jeune fille sauvée fit, peu de temps après, un mariage avantageux et conserva toujours la plus vive reconnaissance pour sa discrète bienfaitrice.

CHAPITRE XII

VOYAGES ET PÈLERINAGES

A partir de l'année 1846, nous trouvons divers souvenirs de pèlerinages dans les papiers de Mlle Guittaud. Ses œuvres, à cette époque, n'absorbent plus tout son temps, toute son activité ; sa santé réclame une distraction que sa piété se hâte d'utiliser pour visiter les sanctuaires les plus vénérés.

Fort heureusement, nous retrouvons sur des voyages, faits en 1846 et en 1851, des notes assez détaillées que nous nous bornons à transcrire.

I.

Sainte-Beaume. — Tombeau de Sainte Madeleine.

« Le 18 février, ayant quitté Chambéry, je me rendis, après avoir traversé Lyon, Avignon, Marseille, dans la ville d'*Hyères*, où j'eus le bonheur de visiter le sanctuaire de la Sainte Vierge, honorée sous le nom de Notre-Dame de la Garde. »

Je pense qu'il y a ici confusion, que c'est bien à Marseille qu'elle a visité Notre-Dame de la Garde et non à Hyères, où nous ne connaissons pas de sanctuaire de ce nom.

« Quelques jours après, je me rendis à la petite ville de Saint-Maximin. Dans le souterrain de l'église principale reposent les précieuses reliques de sainte Madeleine. De là, je me dirigeai vers la Sainte-Beaume, dans les déserts de la Provence. Ce fut là que, dans le creux d'un rocher, la sainte amante expia pendant trente ans de la plus rigoureuse pénitence les égarements de sa jeunesse. Dans ce même temple, témoin d'une si héroïque pénitence, on a placé une statue en marbre blanc représentant la sainte couchée dans le lieu qui lui servait de lit. Du milieu de la voûte de la grotte découle constamment de l'eau en forme de larmes, et cela est regardé comme un perpétuel souvenir du vœu qu'elle forma quelque temps avant sa mort et dans lequel elle exprimait le plus ardent désir que ses larmes coulassent jusqu'à la fin des siècles ; l'espace de trente ans, pendant lequel elle en avait versé, étant trop peu pour son zèle.

« A une demi-heure de là, au sommet de la montagne, je visitai la chapelle appelée le Saint-Pilon, où la sainte était transportée de temps en temps par les anges, et où elle éprouvait ces saintes extases qui la rapprochaient de son bien-aimé. »

II.

Quelques mots sur Rome.

« Un mois après mon arrivée à Hyères, je m'embarquais sur le bateau à vapeur le *Léopold II*, pour me diriger sur Rome ; un petit incident vint jeter l'alarme parmi les matelots :

l'eau manqua à la chaudière, peu s'en fallut que nous n'éprouvassions un événement funeste. Après beaucoup d'efforts, on parvint à y remédier, et j'arrivai sans autre accident au terme de mes vœux.

« Le 31 mars, vers dix heures du soir, je foulais pour la première fois le sol des martyrs, et mon réveil à Rome me paraissait un songe. Je ne pouvais me persuader que je me trouvais dans ces murs historiques qui avaient renfermé dans une même enceinte tant de héros païens et tant de héros chrétiens, et qui aujourd'hui protègent le souverain des rois, le représentant de l'Homme-Dieu, le père de tous les chrétiens! et combien ces derniers se trouvent heureux de pouvoir le nommer Saint Père!

« Je ne saurais rappeler tout ce que j'ai vu dans cette ville qu'on peut appeler le rendez-vous des saints et la réunion de tout ce que les arts ont pu produire depuis sa fondation ; je ne ferai mention que de quelques souvenirs pieux que je me plais à me rappeler en songeant à un voyage qui a procuré à mon âme de si douces émotions.

« J'ai eu la consolation d'entendre la sainte messe et de participer aux saints mystères dans les modestes chambres (aujourd'hui transformées en chapelles) de Saint-Louis de Gonzague, de Saint-Ignace de Loyola et de Saint-Stanislas de Kotska, de Sainte-Catherine de Sienne, de Saint-Philippe de Néri, du cardinal Bellarmin, de Saint-François Borgia, etc. La vue de ces saints lieux, des ustensiles qui avaient servi à l'usage des saints et des objets qu'ils avaient multipliés par leurs prières, remplissait mon âme d'une joie et d'une consolation que je savais bien sentir, mais que je ne saurais exprimer.

« Je nommerai quelques-unes des précieuses reliques que j'ai eu le bonheur de vénérer dans les différentes églises de la ville incomparable :

« La table sur laquelle Notre Seigneur institua la Sainte Eucharistie.

« La colonne de la flagellation de Notre Sauveur.

« La colonne du temple de Jérusalem contre laquelle Notre Seigneur était appuyé quand il prêchait au milieu des docteurs.

« La lance qui perça le côté sacré de Notre Seigneur Jésus-Christ.

« Plusieurs épines de la sainte couronne.

« Deux des clous qui fixèrent Notre Seigneur à la croix.

« La sainte face du Sauveur laissée à sainte Véronique.

« L'escalier du prétoire de Pilate, arrosé du sang de Jésus-Christ.

« L'empreinte des pieds du Sauveur, lorsqu'il fut rencontré par saint Pierre qui fuyait de Rome pour éviter les persécutions.

« La tête merveilleusement conservée du saint diacre Laurent, et le gril sur lequel il consomma son martyr.

« La prison de saint Pierre et l'empreinte de sa joue miraculeusement restée gravée dans le mur, après avoir été frappée par le geôlier ; la source qu'il fit jaillir miraculeusement pour baptiser ce même geôlier converti par ses prédications, le lieu de son crucifiement.

« La chaudière de bronze dans laquelle fut plongée sainte Cécile.

« Le grand bassin de cuivre dans lequel on déposa la peau du saint apôtre Barthélemi.

« La chaudière dans laquelle saint Jean l'Evangéliste fut plongé dans l'huile bouillante, d'où il sortit miraculeusement sain et sauf.

« Une des flèches dont fut percé saint Sébastien, la colonne à laquelle il fut attaché.

« Le corps de sainte Justine dans une chapelle particulière du Quirinal.

« Dans l'église de Sainte-Sabine, la pierre que le démon jeta à saint Dominique pour le distraire dans son oraison, la fenêtre par où il la fit passer.

« Dans l'église de Sainte-Praxède, j'ai vénéré les chaînes qui tenaient saint Laurent attaché dans sa prison, et dans un reliquaire deux dents et de la chair du saint diacre.

« Dans les catacombes de Saint-Sébastien, j'ai vu la chapelle où saint Philippe de Néri passait tous les jours en prières, et la pierre sur laquelle il reposait pendant la nuit.

« Le crucifix qui parla à sainte Camille de Sellis.

« La chapelle où M. Ratisbonne a vu la
Sainte Vierge.

« L'escalier de la maison paternelle sous
lequel saint Alexis passa 17 ans, sans être
connu de ses parents ; j'ai bu de l'eau du
puits qui était dans la cour et où le saint
allait se désaltérer.

« J'ai eu le bonheur d'entendre la sainte
messe dans l'église souterraine de Saint-
Pierre, sur la tombe du bienheureux apôtre.

« J'ai eu aussi la consolation de visiter les
catacombes de Sainte-Agnès et de Sainte-
Pontienne, où j'ai vu un baptistère avec des
peintures à fresque, et celles de Saint-Sébastien où furent déposés, pendant plusieurs
siècles, les corps de saint Pierre et de saint
Paul.

« Le lieu d'où fut tiré le corps de sainte
Cécile, patronne des musiciens.

« Saint Philippe de Néri eut dans ces catacombes une vision dans laquelle il vit un
globe de feu, qui l'embrasa tellement du feu
de l'amour divin, que son cœur, ne pouvant
suffire à tant d'amour, se dilata à un tel point,

que deux de ses côtes se rompirent et qu'il en souffrit le reste de ses jours.

« J'eus aussi le bonheur de vénérer dans l'église de Saint-Sylvestre la tête du saint précurseur Jean-Baptiste, merveilleusement bien conservée.

« **Le 21 avril**, j'eus aussi le bonheur d'être présentée à Sa Sainteté Grégoire XVI par Son Eminence le comte Broglia, ministre plénipotentiaire de Sa Majesté le roi de Sardaigne. Sa Sainteté me reçut avec une douceur et une bonté paternelles, et l'agréable et édifiant entretien que j'eus avec lui a laissé de précieuses traces dans mon esprit qui ne s'effaceront jamais. Sa Sainteté a eu la bonté de m'indulgencier une croix *in articulo mortis* pour moi et pour toutes les personnes auxquelles je la ferais baiser dans les derniers moments. »

Je ne suivrai pas plus loin ce pèlerinage pieux, soit dans Rome, soit dans les villes parcourues au retour : Lorette, Ancône, Assise, Pérouse, Arezzo, Florence, Pise, Livourne, Gênes, Turin. Ces localités sont assez connues. Il est superflu d'ajouter que Mlle Guittaud les visite en vraie pélerine, cherchant seulement à satisfaire sa piété par les souvenirs qu'elle y rencontre.

Il est un contraste qui nous frappe et qui aura probablement frappé ceux qui comparent les quelques pages de ce voyage aux souvenirs de Mlle Guittaud antérieurs à l'année 1846.

Il nous semble qu'élevée à Chambéry dans une atmosphère simple et sévère, elle avait montré jusque-là peu d'empressement pour vénérer les reliques des saints, pour recueillir les pieux souvenirs de leur vie. Absorbée dans ses œuvres de charité, elle semblait rechercher surtout dans la piété les lumières et les forces nécessaires pour y travailler avec succès. Aussi sa religion semble-t-elle avoir un cachet austère qui rappelle quelque peu les tendances rigides si communes au commencement de ce siècle. Dans les dix cahiers autographes de ses *Mémoires*, ses prières s'adressent toujours à Dieu, à Dieu seul. Si elle invoque des intercesseurs, ce sont les saints anges qui forment sa cour : la Sainte Vierge, saint Joseph qui forment la famille de

Notre Seigneur Jésus-Christ. Nous n'y voyons mentionné qu'une seule fois un saint de date plus récente : saint Pierre d'Alcantara. Jamais elle ne parle de saint François de Sales, si populaire en Savoie, de saint Vincent de Paul, le patron naturel de ses œuvres.

Dans les voyages nombreux qu'elle raconte, à Turin, à Milan, à Paris, à Lyon, à Annecy, etc., on ne voit pas qu'elle s'attache à vénérer le tombeau ou les reliques d'aucun des saints qui y attirent de nombreux pèlerins,.. les sanctuaires de la Sainte Vierge sont les seuls dont elle parle. Son esprit et son cœur sont tout entiers à la charité, à ses œuvres, à ses chères abandonnées.

Mais ce qui prouve mieux encore cette tendance à rapporter à Dieu seul tous les efforts de son zèle, c'est la fondation perpétuelle que Mlle Guittaud a faite à la cathédrale de Chambéry en l'honneur de la Très Sainte Trinité. On dirait qu'elle est désireuse de ramener la piété des fidèles vers ce centre auguste de la religion. Elle veut que, chaque année, une grande messe

solennelle soit chantée et qu'un sermon soit
prêché le jour de la fête de la Très Sainte Trinité. Elle a une décoration splendide pour l'autel
qui ne sert que ce jour-là : elle l'orne elle-même
avec des broderies et des fleurs le plus riche-
ment qu'elle peut. Cette fondation est religieu-
sement conservée.

Puis une sorte de révolution semble s'opérer
subitement dans son esprit et dans ses goûts.
Devenue libre de voyager pour elle-même, elle
débute par la Sainte-Beaume. A Rome, nous la
voyons uniquement préoccupée de vénérer les
reliques, de recueillir les pieux souvenirs qui
intéressent sa piété, sans dédaigner les pieuses
légendes ; nous ne voyons même pas qu'elle
ait visité les fondations charitables si riches
pourtant et si intéressantes dans ce centre de la
chrétienté.

Il me semble qu'il y a là une preuve de la
richesse de cette généreuse nature. Mlle Guittaud ne se donne pas à demi, nous la retrouvons aussi ardente dans ses pèlerinages qu'elle
l'a été dans ses fondations charitables ; seule-

ment son âme semble avoir passé de la prose un peu froide du nord à la poésie brillante de la dévotion italienne.

Dans le second voyage qu'elle entreprend en 1851 à travers l'Allemagne et l'Italie, cette tendance mystique est de plus en plus marquée. Elle ne s'occupe plus seulement des miracles anciens, mais des thaumaturges vivants, des filles extatiques et stigmatisées qu'elle va visiter avec un vif intérêt.

Il nous reste à faire connaître, au moins dans ses principaux traits, ce second et curieux voyage dont nous avons les récits bien détaillés écrits de sa main.

III.

Voyage commencé le 19 juin, terminé le 10 novembre 1851.

« Après avoir quitté Chambéry le 19 juin, je me rendis à Lyon avec la princesse Wollonski et Mgr Luquet, évêque d'Hesebon : nous entendîmes la messe à Notre-Dame de Fourvière ; le soir, nous reçûmes la bénédiction du Très Saint Sacrement à l'église de Saint-Jean.

« Le lendemain, nous partîmes, à cinq heures du matin, par le bateau à vapeur de la Saône, pour Chalon, où nous dînâmes à une heure, après quoi nous montâmes dans un omnibus qui nous conduisit à l'embarcadère. Nous partîmes à deux heures et demie par le chemin de fer, et à onze heures et demie du soir, le même jour, nous arrivâmes à Paris. Nous fûmes logés à l'hôtel des Missions étrangères. »

Je ne donnerai pas le récit assez long qu'elle fait de son séjour à Paris, où elle fit une retraite, assista au baptême de plusieurs Juifs convertis et entendit de beaux sermons de M. de Ratisbonne. Elle n'en partit que le 14 juillet pour visiter Strasbourg et Colmar.

Elle séjourna 17 jours à Wurtzburg, où résidait le fils de la princesse, encore grec schismatique, marié à une catholique ; elle visita successivement Bamberg, Nuremberg, Eichstadt, Ingolstadt, Munich. Dans toutes ces villes, elle s'attacha à visiter les églises et surtout à vénérer les reliques des saints.

Une grande joie l'attendait à Munich. Elle s'y

trouva le 15 août : « Nous fûmes, dit-elle, à la cathédrale où l'on dit plusieurs messes, exposa le Très Saint Sacrement et enfin on donna la bénédiction. Grâce ! J'éprouvai une grande consolation en apprenant que la cathédrale était consacrée à la Très Sainte Trinité...

A Inspruck, elle éprouve un bonheur pareil. L'église des Jésuites est consacrée à la Très Sainte Trinité. On lui dit que la fête se célébrait avec beaucoup de solennité, le Saint Sacrement est exposé pendant trois jours : « J'en éprouvais, dit-elle, une bien grande joie ! »

Mais j'ai hâte d'arriver au terme du voyage, à Rome, où un bien plus grand bonheur attendait Mlle Guittaud. Au Pape Grégoire XVI, qu'elle avait vu en 1846, avait succédé Pie IX. Ce pontife avait inauguré son règne par de sages réformes et n'en avait été récompensé que par l'émeute et la révolution. Il n'en resta pas moins dévoué à son peuple et disposé à accueillir toutes les améliorations.

« Dimanche 28 septembre, dit Mlle Guittaud, j'eus le bonheur d'être reçue en audience particulière par Sa Sainteté Pie IX. Il m'adressa plusieurs demandes auxquelles je répondis. En me bénissant, il dit : « Je bénis toutes vos œuvres. » Ensuite, il me dit que si je voulais visiter les prisons, il ferait avertir le ministre qui me ferait accompagner. J'acceptai avec plaisir, et le 2 octobre, je vis le ministre, il me remit une lettre pour M. le chancelier Neri, qui devait m'accompagner dans toutes les prisons, que je visitai les premiers jours d'octobre. »

En compulsant les papiers de Mlle Guittaud, nous n'avons trouvé sur cette audience que la note suivante, un peu plus détaillée, mais bien incomplète encore.

« Dimanche 28 septembre, j'eus le bonheur d'être reçue en audience particulière par Sa Sainteté Pie IX. Sa Sainteté m'a fait plusieurs questions auxquelles j'ai répondu. La première chose qui m'est venue à la pensée a été de dire au Saint Père qu'il serait très utile de mettre des Sœurs dans les prisons de Rome, qu'elles y feraient un bien immense. Le Saint Père a paru content, il m'a fait beaucoup de questions auxquelles j'ai répondu. Sa Sainteté m'a dit que je lui ferais plaisir si je voulais visiter les prisons ; qu'il ferait avertir le ministre ; celui-ci me remettrait une lettre qui me ferait ouvrir toutes les portes. J'ai accepté avec plaisir, et le 2 octobre, j'ai vu le ministre de l'intérieur, Mgr Savelli, qui m'a remis une lettre pour M. le chancelier Neri, qui devait m'accompagner.

« Le ministre a été très content et disposé à mettre des Sœurs dans les prisons. Il m'a dit qu'après mes visites, il aurait bien plaisir à me voir, me priant de lui donner par écrit le projet que je me proposais d'établir dans les prisons de Rome, de lui envoyer le règlement déjà établi dans les prisons de Chambéry, surtout pour ce qui regarde l'administration des Sœurs ; qu'il le ferait voir de suite au Saint Père. Je le lui ai promis, et les 3, 5 et 6 octobre, j'ai visité toutes les prisons de Rome de la part de Pie IX, étant accompagnée de M. le chancelier Neri.

« Dans la prison de correction où sont les jeunes garçons, les détenus m'ont fait pitié par leur mauvaise mine et par la malpropreté de leur linge. Ils dévident du coton et l'un des plus petits met les numéros sur les pelotons. Ils gagnent très peu à ce travail et ce n'est pas une industrie pour leur avenir. »

Nous n'avons pas trouvé d'autres documents sur cette réforme des prisons de Rome et nous ne savons pas s'il a été donné suite au projet de Mlle Guittaud. Toujours est-il que c'était là une distinction bien flatteuse pour elle et la plus haute récompense accordée à ses travaux de Chambéry.

Ces beaux voyages en Allemagne et en Italie ne sont qu'un court épisode dans la vie de Mlle Guittaud, une distraction rendue nécessaire par l'état de sa santé. Il lui fallut rentrer à Chambéry le 10 novembre 1851, et désormais elle ne le quittera plus jusqu'à la fin de sa laborieuse carrière, que lorsque les besoins de la Maison du Bon-Pasteur l'obligeront à reprendre le pénible métier de quêteuse.

CHAPITRE XIII

BON-PASTEUR DE CHAMBÉRY

Avant de passer outre, je crois utile de consigner ici quelques documents qui montrent quel était l'état de la Maison du Bon-Pasteur de Chambéry en 1852.

C'est d'abord le procès-verbal, dressé par Mgr l'archevêque, après sa première visite canonique. Nous en citerons une partie.

L'an de grâce 1852 et le mardi 27 juillet, Nous, Alexis Billiet, par la miséricorde divine et la grâce du Saint-Siège apostolique, archevêque de Chambéry, chevalier grand'croix de l'Ordre des Saints Maurice et Lazare, sénateur du royaume ;

Nous nous sommes transporté, vers six heures du matin, à la maison des Dames de Charité du Bon-Pasteur, établie en cette ville, pour y faire notre visite pastorale, accompagné de M. l'abbé Alexandre Morand de Saint-Sulpice, notre chancelier ; après avoir célébré la sainte messe, à laquelle toutes les religieuses ont reçu la sainte communion, notre chancelier s'étant retiré, ainsi que toutes les pénitentes et les enfants de la Préservation, nous avons pris le rochet et le camail, récité le *Veni Creator*, suivi de l'oraison du Saint-Esprit, et ensuite adressé, du pied de l'autel, une courte instruction aux religieuses pour leur exposer les motifs et l'objet de notre visite. Après cela, nous nous sommes rendu au parloir pour entendre chaque religieuse en particulier.

Le jeudi suivant, 29 juillet, nous nous sommes de nouveau rendu à la Maison du Bon-Pasteur, à six heures du matin, accompagné de M. le chanoine Dépommier, supérieur de la Maison et vicaire général du diocèse, et de M. l'abbé de Saint-Sulpice, notre chancelier. Après avoir adressé une courte instruction à toute la Communauté réunie, nous avons célébré la messe, donné la communion. Nous nous sommes ensuite rendu en rochet et camail au chapitre, où toutes les religieuses se sont trouvées réunies. Après avoir récité le *Veni Creator* et l'oraison, nous avons exhorté toutes les Sœurs de la Communauté à se ranimer dans le service de Dieu, à apprécier les avantages de leur vocation, à observer fidèlement leurs vœux, à s'appliquer avec soin à la pratique des vertus religieuses. Les sentiments de piété qui règnent dans cette Communauté nous donnent la confiance que ces avis seront fidèlement mis en pratique. Nous avons terminé cette exhortation par les prières du directoire. Nous avons ensuite visité la classe des pénitentes, dont l'instruction religieuse est très satisfaisante.

Nous savons déjà, en effet, que M. le chanoine Chevray, aumônier de la Communauté, s'occupe avec beaucoup de soin et de succès à l'enseignement des vérités de la religion.

En continuant la visite de la Maison, nous avons remarqué que le dortoir est beaucoup trop petit pour le nombre de personnes qui y sont reçues. On a été obligé de placer une quinzaine de lits au grenier, où il sera impossible de les laisser pendant l'hiver. En prenant connaissance du personnel de la Maison, nous avons reconnu qu'il comprend huit religieuses de chœur, trois Sœurs converses, deux tourières, puis deux jeunes négresses, quarante-quatre pénitentes, vingt-sept petites filles de la Préservation ; en tout quatre-vingt-huit personnes. Sur le nombre des filles reçues, il. y en a trente-quatre qui le sont gratuitement et trente-huit qui paient une petite pension dont la moyenne est de 12 francs par mois. Outre ces petites pensions, la Maison reçoit 125 francs par mois de l'administration et environ 200 francs du produit du travail.

Ces ressources ne suffisant pas pour l'entretien des personnes qui y sont reçues, il y a actuellement un déficit d'environ 250 francs par mois. Jusqu'ici, ce déficit a été comblé par des aumônes et quelques souscriptions.

En résumé, tout ce que nous avons remarqué en cette visite a été pour nous un sujet d'édification.

Ainsi fait et signé à Chambéry, le 29 juillet 1852.

† ALEXIS, *archevêque.*

DÉPOMMIER, *supérieur, vicaire général.*

Sœur MARIE DE SAINTE-OLYMPIE, *supérieure.*
— MARIE DE SAINTE-EPHREM, *assistante.*
— MARIE DE SAINTE-OCTAVIE, *conseillère.* — MARIE DE SAINTE-APPOLINAIRE, *conseillère.*

Ce procès-verbal de visite est accompagné d'un rapport très remarquable, rédigé au nom des religieuses de la Communauté de Chambéry, et adressé aux Sœurs du Bon-Pasteur d'Angers. Nous en extrayons quelques passages.

Cette visite nous a honorées à la fois et consolées. Bien que Mgr l'archevêque eût visité plusieurs fois l'établissement et y eût exercé les saintes fonctions à diverses époques, c'était la première fois que la visite s'en faisait selon les règles prescrites au directoire. Les paroles de Sa Grandeur ont été pleines d'encouragement; elles nous ont rassurées sur la marche suivie par nous dans l'ensemble comme dans les détails. Les marques de satisfaction qu'elle a daigné consigner au procès-verbal sont un tribut que nous nous empressons d'offrir à notre vénérée Mère Générale.

Les principaux bienfaiteurs qui nous ont aidées particulièrement à combler la lacune de chaque mois sont : M⁹ʳ l'archevêque, M. notre supérieur et notre très digne bienfaitrice, Mˡˡᵉ Guittaud. De plus, Mᵐᵉ la marquise du Wache nous a donné, cette année, une somme de 800 francs, et une loterie faite en juillet a effacé la dette que nous commencions à contracter pour le pain.

Nous avons eu la consolation de placer une quinzaine de nos jeunes filles dans de bonnes maisons. Leur conduite continue à être satisfaisante, quelques-unes même se font remarquer par leur aptitude et leur instruction religieuse. Voici le rapport qui vient d'être fait sur l'une d'elles par un respectable curé du diocèse voisin à M. l'aumônier de notre établissement :

« Monsieur,

« Bien que je n'aie pas l'honneur d'être connu de vous, et que je sois resté étranger

au choix que vient de faire une respectable
famille de ma paroisse, pour l'éducation de
ses quatre demoiselles ; cependant je ne peux
pas m'empêcher de venir vous exprimer ma
reconnaissance pour le bienfait accordé, non
seulement à cette famille, mais à ma paroisse
qui ne manquera pas de se ressentir de la
présence de cette institutrice. J'ai voulu,
avant de vous écrire, voir les effets obtenus,
m'en assurer par moi-même en présidant
divers exercices qui ont été donnés par cette
demoiselle. Je n'hésite pas à dire que vous
avez été divinement inspiré, et j'en bénis
mille fois la Providence. Car sans parler des
succès étonnants qu'elle obtient de ses jeunes
élèves pour la lecture, l'écriture, le travail
manuel, c'est surtout l'élan donné à l'instruction religieuse et la piété, de telle sorte que
c'est à peine si nous pouvons en croire
nos yeux. Cette personne ne laisse rien à
désirer. La religion peut la présenter avec
bonheur à ses amis comme à ses ennemis ! »

J'ai voulu citer cette lettre pour montrer à
quel degré était arrivée l'œuvre de moralisation
et d'instruction, en 1852, au Bon-Pasteur de

Chambéry. Le rapport des Sœurs se termine par le récit de la mort édifiante d'une jeune négresse et d'une pénitente consacrée.

A ce sujet, je pense faire plaisir en joignant une courte notice, d'abord sur trois négresses élevées au Bon-Pasteur de Chambéry, puis sur cette nouvelle catégorie des pénitentes consacrées que nous rencontrons pour la première fois :

« Samedi dernier, une bien touchante cérémonie avait attiré un grand concours de fidèles dans l'église paroissiale de Notre-Dame de Chambéry. Il s'agissait du baptême de trois jeunes négresses, récemment converties et instruites dans les vérités de la foi chrétienne par M. l'abbé Dacquin, aumônier de l'établissement du Bon-Pasteur de cette ville.

« On sait que cet établissement, dont la Maison-Mère est à Angers, et qui a pour but l'instruction des filles et des femmes pénitentes, a commencé dans notre ville en 1839. La fondation en est due au zèle de Mlle Guittaud, qui n'a reculé devant aucune démarche et devant aucun sacrifice pour faire réussir une œuvre qu'elle avait commencée dans sa propre maison, où elle avait retiré, à ses frais, une vingtaine de jeunes filles qu'elle était parvenue à arracher au désordre.

« Mme la supérieure de Chambéry, pour seconder les vues de la Providence et les intentions de la vénérable supérieure générale, pria M. l'abbé Olivieri de lui confier trois de ses jeunes négresses Celles-ci ont été achetées en 1846. Confiées par M. le consul sarde à M. Codda, capitaine de vaisseau, elles arrivèrent à Livourne. M. Olivieri alla les y recevoir pour les conduire lui-même à Chambéry, où elles arrivèrent le 10 avril 1846. On a été fort longtemps sans avoir de détails positifs sur leur patrie et sur la manière dont elles étaient tombées en esclavage. Seulement leur passe-port, délivré à Alexandrie en janvier 1846, portait qu'elles avaient environ dix, onze et douze ans. Aujourd'hui, elles s'expriment en français d'une manière assez intelligible pour qu'on ait pu en recevoir des détails circonstanciés.

« L'aînée de ces négresses se nomme

Faténa, la seconde Kéra et la troisième Mérecilla. Leur patrie commune est le royaume
de Sennaar, en Afrique. La première est
native d'Assaïd, la seconde de Nouba et la
dernière de Tagaley. Faténa et Mérecilla ont
été enlevées par des marchands d'esclaves
pendant qu'elles jouaient avec leurs compa-
gnes ; elles ont toutes deux perdu leurs
parents. Kéra a été volée pendant la nuit,
pendant qu'elle était couchée avec sa mère.
Elles ont été vendues à Kartoum, qu'elles
disent être une ville considérable du Sennaar,
et de ville en ville ont été amenées sur les
marchés du Grand-Caire, où elles ont été
rachetées, ainsi que nous l'avons dit. Faténa,
étant tombée malade au commencement de
cette année, et se trouvant alors en danger de
mort, avait été baptisée au Bon-Pasteur, le
12 janvier dernier; elle a été appelée Laurence-Rose de Sainte-Marie, des noms de sa
marraine Mlle Laurence-Rose Guittaud, dont
nous avons déjà parlé. Cependant la jeune
négresse a assisté à la cérémonie publique
avec sa marraine. Le 13 mars courant, les
deux autres ont été baptisées des mains de

Mgr l'archevêque de Chambéry, dans l'église paroissiale de Notre-Dame. Kéra a eu pour marraine Mme la baronne Hélène-Antoinette-Joséphine du Bourget, née comtesse Festétics de Tolla, et a été nommée Hélène-Antoinette-Joséphine de Sainte-Marie. Mérecilla a été appelée Marthe-Louise de Sainte-Marie, des noms de sa marraine, Mme la marquise du Wache. »

C'est cette dernière qui a succombé, en 1852, à une maladie de poitrine, c'était la plus développée des trois pour l'intelligence. Elle avait atteint un degré d'instruction assez remarquable ; mais ce qu'il y avait de plus remarquable encore, c'était sa piété rendue par un langage à l'éthiopienne, c'est-à-dire imagé et candide.

Le rapport des bonnes Sœurs en cite quelques traits, entre autres :

Le matin avant l'étude : *Veni Sancte Spiritus.* — « O mon Jésus ! moi bien apprendre pour connaître vous. — Bien connaître vous pour beaucoup aimer vous. — Beaucoup aimer vous pour imiter vous toujours. — Être toujours l'heure de penser à vous.

« Moi aimer vous plus que le soleil, plus
que ma marraine, plus que tout. — Vous
enseigner ce que moi faire pour vous. —
Marie ! oh ma bonne mère, moi avoir toujours
froid, avoir pas de force : c'est la mort qui
approche. Quand l'heure venir, vous être mon
refuge et rendre votre Divin Fils favorable à
moi. »

Et ailleurs : « Moi pas aimer le froid, la
neige, la Savoie pour cela. »

Cette pieuse enfant s'éteignit calme et heureuse
au printemps 1852.

Nous avons dit que l'autre personne morte à
cette époque était une pénitente consacrée ;
pour saisir le sens de ce mot, nous nous repor-
tons au rapport général sur les Communautés
du Bon-Pasteur, où il est dit :

« Un grand nombre de ces chères enfants
(les pénitentes) désirant finir leurs jours dans
l'asile où elles avaient retrouvé la vertu et la
paix, demandaient instamment cette grâce.
Elle était trop sympathique avec les pensées
de notre Mère pour ne pas lui plaire. On fit
pour cela un règlement particulier en faveur

de ces jeunes personnes, désignées sous le nom de pénitentes consacrées. Elles ont pour patronne Notre-Dame des Sept Douleurs. Leur costume diffère un peu de celui des autres pénitentes.

« D'autres de ces chères enfants, après avoir également goûté les douceurs de la piété, les délices qu'il y a à pleurer ses péchés aux pieds de Notre Seigneur, et la paix ineffable du cloître, tendaient à une vie plus parfaite ; elles soupiraient après le bonheur d'être religieuses ; mais, à la porte de quel monastère aller frapper ? Elles ne pouvaient être admises parmi nous, nos saintes constitutions défendent expressément de les recevoir dans aucune de nos Maisons. Le cœur de notre Mère et celui de M. de Neuville s'émeuvent et leur tendre compassion leur fait trouver le moyen ingénieux de créer dans l'enceinte de notre clôture un monastère de Madeleines, pour y recevoir les imitatrices de l'illustre pénitente de l'Evangile. Les Sœurs Madeleines font les trois vœux de religion, disent le petit office de la Sainte Vierge, jeûnent tous les vendredis, outre les

jeûnes prescrits par l'Eglise, couchent sur
une paillasse piquée, travaillent à la couture
et portent un habit à peu près de la forme et
de la couleur de celui des Carmélites. Elles
sont toujours gouvernées par des religieuses
du Bon-Pasteur.

« Toutes les classes sont entièrement séparées les unes des autres, même à l'église, et
n'ont aucune communication. »

On voit par la visite pastorale de Mgr l'archevêque qu'en 1851, les Madeleines n'étaient pas
encore établies au couvent de Chambéry. Elles
l'ont été le 5 juillet 1868 et y sont assez nombreuses aujourd'hui.

Pendant que la Maison du Bon-Pasteur de
Chambéry prenait chaque jour de nouveaux
accroissements, les besoins s'accroissaient plus
vite encore et il fallait recourir à tous les expé-
dients. La *fourmi* quêteuse dut partir pour
Paris à diverses reprises, y aller recueillir des
lots et placer des billets.

On voit qu'elle y était en 1853 : l'ambassadeur

de Sardaigne, comte de Villamarina, lui donne
une lettre de recommandation ainsi conçue :

« Le ministre de Sardaigne, à Paris, prie
M. le receveur des douanes à la frontière
sarde du Pont-Beauvoisin d'avoir des égards
particuliers pour Mlle Guittaud, de Chambéry,
qui se rend dans cette ville, apportant avec
elle de petits objets de loterie destinés à
l'œuvre charitable du Bon-Pasteur, dont elle
est fondatrice.

« Paris, 26 avril 1853.

« Le Ministre de Sardaigne :

« VILLAMARINA. »

En 1856, la Maison du Bon-Pasteur avait entrepris la construction d'une élégante chapelle
gothique sur les plans de M. Fivel, architecte.
La dépense avait excédé les prévisions. Il fallait
encore recourir à une loterie ; Mlle Guittaud
repart encore pour Paris, avec la recommandation suivante :

« ALEXIS BILLIET, par la miséricorde divine
et la grâce du Saint-Siège apostolique, archevêque de Chambéry ;

« Connaissant la grande charité de Mlle Laurence Guittaud et le zèle religieux avec lequel elle a concouru depuis plusieurs années à l'établissement et à l'entretien de la Maison du Bon-Pasteur de cette ville, nous l'autorisons à recueillir des aumônes en faveur de ladite Maison et spécialement pour achever la construction et pourvoir à l'ornementation de la chapelle de cet établissement. Nous déclarons que, par sa piété et sa probité, elle est digne de toute confiance. En foi de quoi lui avons délivré le présent.

« A Chambéry, le 10 juin 1856.

« † ALEXIS, *archevêque.* »

Et au bas est écrit de la même main :

« Je souscris pour 50 fr.

« † ALEXIS, *archevêque.* »

Munie de cette recommandation, Mlle Guittaud arrive à Paris, y frappe à toutes les portes ; écrit au Saint Père en faveur de sa loterie, retourne à Turin, adresse à la cour de nouvelles demandes. Sa santé ne résiste pas à de telles fatigues, elle se voit forcée de prendre quelques

mois de repos, mais bientôt son zèle infatigable
reprend le dessus. Au printemps de 1859, elle
recommence de nouvelles courses, de nouvelles
démarches. Nous trouvons dans ses papiers le
brouillon d'une supplique adressée à la princesse Marie-Clotilde de Savoie, mariée au prince
Jérôme-Napoléon Bonaparte.

« Daigne Votre Altesse Impériale et princesse royale jeter un regard de bonté et de
compassion sur la pauvre et fidèle Savoie,
berceau de votre royale Maison. Mgr l'archevêque de Chambéry m'a fait l'honneur de me
prier de mettre humblement sous les yeux de
Votre Altesse les besoins extraordinaires de
la Maison du Bon-Pasteur. Cet établissement
contient un nombre considérable de pauvres
jeunes filles. Les demandes d'admission se
multiplient ; mais les fortunes du pays n'étant
pas à l'égal de sa charité, on a recours à celle
de Votre Altesse Royale, dont le cœur pieux
et les vertus suivent si bien les traces de votre
mère auguste et regrettée. Il y a quelques
années, nos deux saintes reines, surtout votre
sainte et auguste mère, notre Adélaïde, daigna
contribuer à une loterie en donnant un lot

de son précieux travail, qui fit prendre bien des billets. Oserait-on espérer que Votre Altesse daigne aussi accorder protection à une œuvre si utile, si méritoire que celle du Bon-Pasteur ; et qu'en demandant quelques billets ou envoyant quelques lots qui puissent porter bonheur à la loterie qu'on vient d'organiser pour secourir cette pauvre Maison endettée, elle fera parvenir au Ciel, en retour, des prières quotidiennes pour le bonheur de Votre Altesse Impériale.

« Notre Saint Père le Pape Pie IX a eu la bonté de m'envoyer pour lot un magnifique camée orné d'une riche monture en or, représentant l'Immaculée Conception de la Sainte Vierge, autour duquel est écrit un verset des psaumes de David, analogue au sujet; Mme la duchesse de Gênes m'a aussi envoyé un lot de son travail. Oh ! quel bonheur si nous avions un lot de S. M. l'Impératrice, etc. »

Le 31 août 1859, Mme la baronne de La Roncière le Nourry, dame d'honneur de la princesse Marie-Clotilde, annonçait que Son Altesse Impériale avait accordé un lot qui partirait le lendemain franc de port pour Chambéry.

CHAPITRE XIV

DE 1860 A 1871

En 1860, par le traité de Paris, la Savoie devenait française. La protection du nouveau gouvernement vint en aide à l'œuvre du Bon-Pasteur. Une lettre de M. Dieu, préfet de la Savoie, adressée à Mlle Guittaud, en date du 6 février 1862, est conçue en ces termes :

« Mademoiselle,

« Je me fais un plaisir de vous informer que, sur ma demande, Son Excellence le ministre de l'intérieur a bien voulu accorder une subvention de 1,500 fr. à la Maison de refuge du Bon-Pasteur de Chambéry. Cette somme sera mandatée très prochainement au profit de l'établissement qu'elle concerne.

« Recevez, Mademoiselle, etc.

« *Le Préfet de la Savoie,*

« DIEU. »

C'était pour le Bon-Pasteur une nouvelle consécration de son existence légale qui lui était déjà assurée par le billet royal du 24 novembre 1838, et un précieux témoignage de la faveur du gouvernement impérial.

Mais une faveur plus inattendue et plus flatteuse encore venait surprendre Mlle Guittaud l'année suivante. Dans sa séance du 23 juillet 1863, l'Académie française lui décernait le premier prix de la fondation Monthyon, destinée à couronner une œuvre héroïque de vertu et de dévouement. Voici le passage du rapport de M. de Saint-Marc Girardin sur notre humble compatriote :

« Mlle Guittaud a consacré sa fortune tout entière à fonder à Chambéry une Maison de refuge, sous le nom de Bon-Pasteur, qui a servi d'asile à un grand nombre de jeunes filles. Cette Maison dure depuis trente ans. On ne peut lire sans émotion dans les récits qui nous ont été adressés de la vie de Mlle Guittaud, comment, grâce à sa charité aussi ardente que persistante, elle était devenue en Savoie une sorte de puissance et d'autorité que l'annexion s'est bien gardée de supprimer ou d'affaiblir. Tous les malheureux de tous genres avaient recours à Mlle Guittaud.

« Pendant les troubles de Piémont, c'est elle qui secourait les condamnés politiques du temps ; c'est elle qui, dans un esprit tout chrétien que les partis respectaient, tâchait d'obtenir la grâce des vaincus du jour, et quand elle ne pouvait pas décider le vainqueur à pardonner au vaincu, alors elle s'employait à consoler les derniers moments du vaincu et à obtenir des victimes qu'elles pardonnassent à leur tour à ceux qui les envoyaient à la mort. Un jour, en Piémont, ce fut un des vaincus des troubles politiques du pays qui monta sur le trône, et Mlle Guittaud vint lui demander la grâce d'un officier condamné à mort pour acte d'indiscipline. Cette grâce avait été refusée à tout le monde. Le roi Charles-Al-

bert l'accorda à Mlle Guittaud et fit mettre
dans les lettres patentes : « que voulant
« donner à Mlle Guittaud une preuve sensible
« et manifeste de sa satisfaction souveraine, il
« accordait à ses vertus et à sa charité vrai—
« ment chrétienne la commutation qu'aucune
« autre recommandation ne pouvait obtenir. »
Ces paroles font honneur au prince et à
Mlle Guittaud.

« Ce n'est pas la seule fois que le roi Charles-Albert témoigna sa déférence pour les
vertus de Mlle Guittaud. Désespérée de l'état
où elle avait trouvé les prisons de Chambéry,
elle en avait entrepris la réforme, et avec
l'aide d'un pieux et savant magistrat, elle
avait fait un règlement que le roi consacra par
son approbation.

« En 1851, Mlle Guittaud étant reçue à
Rome par Pie IX, lui raconta, sur sa demande, ce qu'elle avait fait pour les prisons
de Chambéry. Le Pape la pria alors de visiter
les prisons de Rome, et, sur le rapport qu'elle
lui en fit, il introduisit dans ces prisons la
même tenue et le même règlement que dans
les prisons de Chambéry. »

Le prix Monthyon, décerné par l'Académie française à Mlle Guittaud, était de 3,000 fr. Nous n'avons pas besoin de dire que cette somme alla bien vite grossir la caisse ou plutôt payer les dettes les plus pressantes de la Maison du Bon-Pasteur.

Cette récompense éclatante, venue de si haut, couronne l'œuvre et presque la vie de Mlle Guittaud.

Dans la visite pastorale du couvent, faite en 1866, par M. le chanoine Mercier pour Son Eminence le cardinal Billiet, nous trouvons ces mots :

« Le devoir de la reconnaissance nous oblige de dire qu'après Son Eminence le cardinal-archevêque, Mlle Guittaud est celle qui a le plus généreusement contribué aux dépenses du nouveau bâtiment.

« Au mérite d'avoir servi à poser les premières assises du Bon-Pasteur de Chambéry, elle joint le mérite plus grand d'en avoir fait constamment et toute sa vie l'objet de sa sollicitude, sans que ni les fatigues, ni les contrariétés de tout genre aient jamais ralenti

son ardente charité. Puisse-t-elle longtemps
encore le servir et l'édifier par ses vertus ! »

Pour une âme profondément chrétienne, ce
témoignage rendu à son zèle par le supérieur
ecclésiastique avait plus de prix encore que les
éloges de l'Académie française !

Nous avons raconté la série des combats livrés
et des triomphes remportés par Mlle Guittaud
dans sa modeste carrière. Il nous faudrait maintenant soulever le voile qui cache ses tribula-
tions et double le mérite de ses œuvres. Elle
en éprouva toute sa vie et des plus cruelles ;
mais, gardant les épines pour elle seule, elle
les cachait à tout le monde. C'était comme le
cilice de pénitence qu'elle portait sur son cœur
pour mériter le ciel.

On remarque d'abord avec étonnement que,
dans les dix cahiers où elle consigne les souvenirs de sa vie, elle ne mentionne qu'une seule
fois, comme en passant, une de ses sœurs et ne
fait aucune mention de sa famille. Elle en avait

cependant une nombreuse. Ses quatre sœurs,
Mmes Rebotton, Collomb, Paquet et Perret, moururent avant elle et laissèrent de nombreux
enfants.

Quelques-uns, malheureusement, n'appréciaient pas le dévouement et la charité de leur
tante. Voyant qu'elle recueillait des sommes
considérables, ils s'imaginaient aisément qu'elle
était fort riche et lui reprochaient de ne pas
venir en aide à sa parents.

Je n'ai pas besoin d'expliquer que ces
imputations ne s'adressent qu'à certaines
personnalités qui faisaient le chagrin de sa
famille, dont les autres membres furent pleins
d'attentions et de vénération pour elle. Citons,
en particulier, M. l'abbé Paquet, curé de
Myans, qui, à l'exemple de Mlle Guittaud,
consacra sa vie à une pieuse entreprise : l'érection d'une statue monumentale de la Sainte
Vierge sur le clocher de l'église de Myans, et
la décoration de ce pieux sanctuaire. Comme
Mlle Guittaud, il entreprit des quêtes, des loteries, des courses à travers la France entière

pour réunir les sommes que coûta ce beau monument. Comme sa tante encore, il mourut aussitôt après l'avoir vu achever.

Pourquoi ne le dirions-nous pas? Il ne manquait pas, à Chambéry, de personnes honorables qui blâmaient le zèle intempérant de Mlle Guittaud. La contradiction semblait s'attacher à tous ses pas, à toutes ses œuvres. On trouvait qu'elle était bien pauvre, de bien basse extraction pour entreprendre de si grandes choses, pour se mettre en relation avec tant de grands personnages ! On raillait son défaut d'instruction, son orthographe fautive, son éducation... L'écho de ces malignes inspirations dut blesser bien des fois l'oreille de Mlle Guittaud, et elle dut se répéter à elle-même, tristement, la parole de nos livres saints : « Nul n'est prophète en son pays. »

Pour compléter le rude purgatoire de ses vieux jours, ajoutons qu'elle aimait à visiter souvent ses chères filles du Bon-Pasteur qui lui tenaient lieu de famille : elle s'enquérait de leurs besoins, écoutait leurs plaintes et se faisait leur intercesseur auprès des bonnes Sœurs, directrices de l'établissement.

Mais hélas ! dans cette Maison devenue nombreuse, le fonctionnement de la règle, les exigences du bon ordre ne s'accordaient pas toujours avec les intentions indulgentes et charitables de la vieille fondatrice ; son intervention a pu paraître parfois importune. Ainsi Dieu permit qu'elle rencontrât des froissements même dans cet asile où elle avait mis son cœur tout entier. Tant il est vrai que la douleur doit se mêler à toute œuvre humaine et que rien de vivant ne s'enfante sans douleur !

Ce fut au milieu de ces contradictions que s'écoulèrent tristement, à Chambéry, les dernières années de Mlle Guittaud. Elle était toute à Dieu, toute à ses pratiques de piété. Comme le vieux soldat, retiré dans sa chaumière, se ranime au souvenir de ses campagnes, ainsi on la voyait souvent oublier ses infirmités et se rajeunir en racontant ses courses aventureuses à la poursuite des âmes égarées. Elle retrouvait alors toute sa mémoire, la vivacité de son esprit et la chaleur de son cœur.

Enfin, après une courte maladie, où elle ne voulut d'autres soins que ceux qui lui furent prodigués par ce *Bon-Pasteur* qu'elle avait tant aimé, elle s'éteignit pieusement le 24 septembre 1871, dans les plus beaux sentiments de résignation chrétienne et de confiance en Celui qui avait été l'espérance et l'amour de sa vie entière.

TABLE DES CHAPITRES

CHAMBÉRY. — IMPRIMERIE SAVOISIENNE.